社群营销与运营实战手册

电商引流+用户运营+活动策划+内容运营+品牌塑造

（第2版）

吴智银 ◎ 编著

人民邮电出版社

北京

图书在版编目（CIP）数据

社群营销与运营实战手册：电商引流+用户运营+活动策划+内容运营+品牌塑造 / 吴智银编著. -- 2版. -- 北京：人民邮电出版社，2020.5（2021.9重印）
ISBN 978-7-115-53412-5

Ⅰ．①社… Ⅱ．①吴… Ⅲ．①网络营销—手册 Ⅳ．①F713.365.2-62

中国版本图书馆CIP数据核字(2020)第028206号

内 容 提 要

社群经济的崛起极大地改变了现有的商业模式，"网红"、社交电商、新零售等新兴模式使社群的地位日益凸显。坐拥百万客户的社群"大咖"，通过带货等变现形式产生的商业价值抵得上一家中小型企业创造的价值，而拥有精准社群客户的企业则能轻松占据市场，赢得可观利润。因此，如何获得巨量客户、玩好社群经济，对创业者和电商从业者都至关重要。

本书基于社群的玩法与规则，强化实操性，升级后全书细分为9章，分别从社群构建、社群粉丝吸引、社群运营、社群互动、社群活动、社群个性、社群参与感打造、社群品牌化、社群精细化运营等方面，详细讲述了社群营销与运营的实操方法。

本书图文并茂、案例丰富，内容"干货"多，形式更加直观形象，能帮助更多创业者、电商从业者、企业等抓住社群经济机遇，轻松营销、快速盈利！

◆ 编　著　吴智银
　　责任编辑　李士振
　　责任印制　周昇亮

◆ 人民邮电出版社出版发行　　北京市丰台区成寿寺路 11 号
　　邮编　100164　　电子邮件　315@ptpress.com.cn
　　网址　http://www.ptpress.com.cn
　　大厂回族自治县聚鑫印刷有限责任公司印刷

◆ 开本：700×1000　1/16
　　印张：14.25　　　　　　　　　　　　2020 年 5 月第 2 版
　　字数：248 千字　　　　　　　　2021 年 9 月河北第10次印刷

定价：59.80 元

读者服务热线：(010)81055296　印装质量热线：(010)81055316
反盗版热线：(010)81055315
广告经营许可证：京东市监广登字 20170147 号

自序

社群为什么重要

吴晓波说，不做社群，未来无商可谈。

我认为，社群是企业转型、消费升级绕不过去的门槛。

在移动互联网、人工智能、云计算等新技术融合的时代，单纯的产品门槛已经大大降低。很多创新产品可能被同行模仿，很多实体门店可能被同行模仿，很多经营模式也可能被同行模仿，但唯独商家与客户的关系别人模仿不了。而商家要维护与客户的关系，构建社群就是最好的方式。

我们都知道，传统思维关注的是产品本身，而互联网思维关注的是产品背后的客户，社群思维则关注客户背后的朋友圈以及社群关系。打造一个强大的社群，就能为商业关系赋能，从而在企业转型升级的过程中为企业增添竞争力。

经过几年的发展，社群已进入精细化运营阶段，没有整体的布局和精细化的运营，就无法快速而长久地发展。

未来5年当中，不管我们从事什么行业，都与社群息息相关。例如传统企业海尔就已经转型新零售——海尔顺逛新零售平台的属性定位就是社群电商平台，通过本地化社群结合本地的海尔专卖店，给更多消费者和会员提供更好的服务以及更专业的电器知识，最后达成口碑效应，从而产生裂变。

这几年，我一直从事社群构建、营销、运营等方面的实践和培训，结识了众多拥有丰富社群运营经验的人物，也总结了很多社群营销、运营的方法与心得。社群营销与运营并无定法，随着社群的发展变化，相应的方法与技巧一直在变化。

从粉丝经济到网红经济，再到社群经济、社交新零售，形式一直在变，但商业运行的逻辑和规则却是稳定的，即运营人与人的关系、运营人与货的关系，运营人与场的关系。这种种关系是从粉丝经济到社群经济的核心，也是新零售的核心。

所以，社群运营并不是专注于社群本身的形式，不管是微信群还是线下社群，懂得其中的运营核心，才能真正运营好社群。

未来是"无社群，不营销"，因为未来的一切都将以客户为中心，客户驱动。我们需要的不仅仅是全渠道，线上线下一体化，还需要牢固掌握人与人之间的关系，懂得如何向人赋能。

而社群，就是实现这一切的最好方式。社群是未来最重要的营销和品牌载体。基于这样的考量，我对这本书的内容进行了修改，希望能将社群运营的理念与方法通过更顺畅的讲述，让更多人理解得更透彻。

这次升级，增加了不少内容，逻辑更加自洽，方法更多、更具实操性。希望本书能给关注社群营销、社群运营、社群变现、社群研究的读者带来更多价值！成书过程中难免会有疏漏，望读者朋友们热忱斧正，本人万分感谢！

吴智银

2020 年 3 月

在朋友圈里发广告，就是社交电商？

在微博上发自拍照，就能成为"网红"？

在微信群里发广告，就是社群经济？

如果企业对社群的理解还停留在这些层面，难免会走向失败。在社群精细化发展的今天，社群只有坚持专业化、团队化、个性化、精细化运营，才能聚拢粉丝，获得长久发展。

社群是移动社交发展的产物。当人们因为同样的兴趣爱好、相同的身份情感，基于一致的物质、情感、痛点需求，在群主的号召下聚集在一起，就形成了社群。在这里，人们相互交流各自的信息，相互满足各自的需求。

社群是社交电商的进阶模式。当买卖双方之间的信任关系越来越难以建立，当从第三方平台获得的信息也存在不确定时，消费者自然会选择相信熟人。因此，熟人聚集的社群，既能满足消费者的选购需求，也能满足商家的营销需求。

微博、微信等移动社交平台的蓬勃发展以及社群经济的崛起，使得商家能够通过手机与客户面对面交流，各类 APP 也为商家提供了多种社交手段。但很多从业者建立的社群却逃不开被屏蔽和走向萧条的结局。为何社群经济进行得如此艰难？

本书立足于众多企业的需求痛点，在阐释相关概念的同时，让企业了解社群的内涵、发展以及行为模式，从而确认社群经济的完整逻辑；在翔实的案例分析中，使企业真正明白究竟应该如何构建品牌社群、如何培养社群的稳定客户，如何引导社群客户消费、支持、宣传产品与服务，最终建立起完善的社群生态圈。

当社群成为移动互联网时代万众瞩目的变现方式之一时，企业若不能围绕产品与服务构建社群，在未来的市场竞争中必将陷入困境！社群运营者、社交电商从业者、企业市场营销人员、传统转型企业等如果不能掌控社群经济模式，也必将落后于时代。

本书在第 1 版《社群营销与运营实战手册》的基础上，增删了约 1/3 的内容。改版升级后，全书的内容更加紧凑和实用。其中，在图片方面，本书对第 1 版图书的图片进行了优化设计，使之更符合读者的阅读需求；文字内容方面，删除了部分过时的内容，增加了社群精细化运营的方法与技巧，使得全书的逻辑与方法更成体系。

通过阅读和学习本书，读者可以借助社群生态圈的力量，在社群经济时代轻松玩转电商，在个性化、定制化的道路上不断发展，在当今充满竞争的市场中赢得一席之地！

编者

目录

第2章 社群"大招"：如何坐拥百万社群用户

第4章 互动为王：以互动联结情感，以情感变现商业价值

第5章 活动定位：高质量活动才能沉淀用户

第6章 善于做"人"：让用户触摸到社群的个性

第7章 玩才是大事：参与感让社群用户更活跃

第8章 社群品牌化：给社群一个体面的“门脸”

第9章 精细化运营：如何构建社群生态圈，变现商业价值

第 1 章

社群构建：
营销池塘你值得拥有

要想聚拢粉丝，继而大浪淘沙，留下同气相求的粉丝，一个强大的社群必不可少。通过社群，企业或创业者能联结用户，重构自己的商业模式。

1.1 做电商，不能没有社群

10年前，说起"电商"这个词，企业家们或许会不屑一顾；5年前，说起"粉丝"这个词，创业者们或许会当作笑谈。如今，说起"社群"这个词，有些人的反应仍然是"啊？那是什么？"

电子商务逐渐取代传统商业模式，粉丝经济迅速推动社交平台变现，而社群则是"粉丝经济"的升级。在"社群"不断流行的当下，很多电商运营者却尚未认识到社群的重要性，甚至尚未理解社群的概念。这类人只能看着别人在社群的池塘里开心"捕鱼"，而自己却无能为力。

在这个社群粉丝经济迅猛发展的时代，没有社群，做电商就无路可走。

1.1.1 社交新模式——社群

社群并非是在互联网时代下才产生的新概念。它本是社会学和地理学上的概念，广义上指"在某些边界线、地区或领域内发生作用的一切社会关系"；在人类社会中，社群就是指一个有相互关系的网络，诸如亲人、朋友、同学、同事等社会群体。

在谈及社群时，很多人会简单地认为："社群不就是微信群、QQ群嘛。"在谈及社群电商时，他们也会粗暴地为其下定义："社群电商就是在微信群里卖东西。"如果真的如此简单，社群就不会成为新时代电商的必备元素，更不会在当今大放异彩了。

1. 互联网中的社群

在互联网时代，社群的内涵发生了巨大变化。从形式上看，社群确实表现为微信群、QQ 群、微博群等形式；但从本质上来看，社群是以某一属性将一群人聚集在一起。这一属性可以是共同兴趣，也可以是组织者的个人魅力或者产品等。

基于互联网突破时空的属性，社群也不再局限于地域或时间。互联网连接的每个节点每时每刻都能聚集在一起，畅谈兴趣爱好，交流某款产品的使用心得……正是因为这一特性，社群成为社交的新模式。

2. 电商中的社群

在漫长的人类发展史上，每一种社交模式的诞生，都会催生出全新的营销模式，诸如电话与电话营销、邮件与邮件营销等，社群这一新的社交模式必然也会与营销等商业形式相结合。

社交平台的出现打通了商家和消费者之间的阻隔，每个商家都可以直接与终端消费者对话，自然也能够更轻易地获得消费者的关注。吸引消费者关注并非难事，关键在于如何利用这种关注并将其变现。

在以社群为核心的商业模式中，商家可以利用优质内容吸引用户，并将用户聚集在一起形成社群。商家在社群运营中不断扩大社群规模，持续获得用户信任，最终将其转化为消费者，完成商业变现。

从"流量为王"的理论来看，在社群电商中，"优质内容"就是用户的流量入口，社群可用作流量沉淀，电商最终完成流量变现，过程如图 1.1-1 所示。

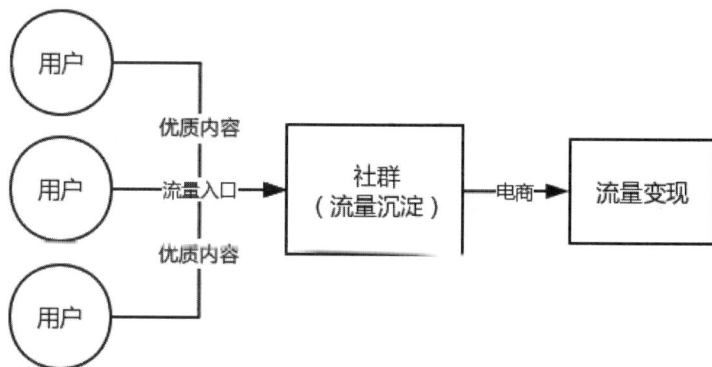

图 1.1-1 社群起着承上启下的作用

3. 社群并非社区

社群的构建并不局限于微博、微信等载体。社区同样可以成为社群的载体。社群区别于社区的关键就在于信任关系。

很多从事互联网营销的人都拥有社区运营的经验。与社群相比，社区更多的是提供一个平台。在这个平台里，社区管理者或许拥有一定的权威，但这种权威却局限于"论坛管理"。如果一个影视社区管理者发帖推送某种面膜产品，那用户大概调侃者众、买单者少。

而社群则不同，在社群中，商家可以与每个用户建立信任关系，因为这个社群的主题必然与商家的产品密切相关。比如在旅行社群中与用户持续交流各种旅游知识，当商家推送户外装备时，就很容易获取用户的信任，并由此完成流量变现。

1.1.2　个性化与小众化消费崛起

在构建社群的火热表象背后，其实也伴随着个性化与小众化消费的崛起。

一般而言，市场经济的发展可以分为 4 个阶段。这 4 个阶段分别对应着不同的消费阶段，如图 1.1-2 所示。

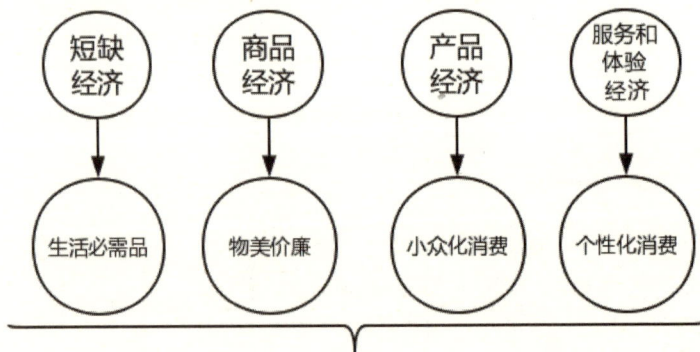

图 1.1-2　市场经济的不同发展阶段对应不同的消费阶段

1. 短缺经济

20 世纪的短缺经济时期，各种生活必需品都十分短缺，如米、肉、布等商品甚至只能凭票购买。

2. 商品经济

商品经济的到来意味着人们进入了大众化消费阶段。随着社会生产力的不断提高，人们可以买到很多物美价廉的商品。此时，消费者更多关注的是商品的性能。当初国内物美价廉的国产汽车、电视机等都是这个时期的代表商品。

3. 产品经济

产品经济则对应着小众化消费阶段。随着中产阶级的不断壮大，握有资金的消费者开始追求更多的极具个性、特色或品位的产品。

在这个阶段，企业开始由服务大众向服务小众转变。此时，企业成功的关键就在于，把握小众市场的独特需求，并据此制定相应的企业战略，开发有针对性的产品或服务。

4. 服务和体验经济

在服务和体验经济阶段，个性化消费开始崛起。这是因为，小众化消费发展到一定程度时，小众化消费者会提出更加特殊的要求。于是，小众化消费市场继续细分，最终形成个性化消费市场，如时下很多印有个人照片的马克杯或绣有名字、特殊字符的服饰等。

在互联网时代，我们处于产品经济与服务和体验经济的交叉点，因此，在小众化和个性化消费的崛起中，借助社交平台，每个消费个体的消费需求都会被放大。而在社群的集聚效应下，被凝聚的其实就是某一小众群体的需求。

这就是以社群为核心的经济模式的本质。

时至今日，伴随着个性化和小众化消费的崛起，部分消费者的消费能力逐渐提高，其消费心理、消费模式和过去相比也都呈现出极大的差别。如果不重视社群的构建，商家就难以迎合新型消费特点，最终脱离市场经济的发展进程。

具体而言，新旧消费模式的区别表现为 3 点，如表 1.1-1 所示。

表 1.1-1　新旧消费模式对比

模式 要素	当下（新）消费模式特点	旧消费模式特点
理性与否	独立思考、理性消费	跟风
价值追求	追求体验价值而非价格	主要是价格
品位追求	注重品位，注重搭配	破碎的个人形象

1.独立思考、理性消费

每家企业都希望消费者能够无条件地追随自己的脚步。但在这个"信息大爆炸"的时代，消费者拥有太多的信息渠道可以了解和辨别企业、产品信息。

消费者不会再轻易相信企业的过度宣传，而是开始独立思考，寻找可以彰显个人品位的产品；他们开始理性消费，不再人云亦云、跟风模仿。

2.追求体验价值而非价格

在如今的消费者看来，一件产品值不值得购买不再取决于产品的价格，而取决于产品本身、服务、品牌等因素综合形成的产品价值。这也是很多消费者不再购买便宜车、便宜衣服的原因之一。

如今，对于产品性能的衡量也不再局限于产品本身的性能，还包括购买全过程的客服体验。一个完整的消费体验以及终身服务的理念，才能为企业带来源源不断的消费者，并最终形成品牌的忠实用户群。

3.注重品位，注重搭配

个性化和小众化消费的独立思考，在于塑造一个完整的个人形象。

没有人愿意自己的身上出现太大的"违和感"，但内外和谐的品位、搭配又并非短时间内可以培养起来的。这不仅需要个人的"修炼"，也需要他人的指导。因此，很多时尚公众号才能拥有如此惊人的用户量。

伴随着个性化与小众化消费的崛起，企业的发展模式也在迅速转变。过去，成功的企业大多是大而强的企业，但在如今，善于"辗转腾挪"的小企业反而更能适应新时代的消费市场，为小众化市场提供更具个性化的产品和服务。为了提升个性化服务的质量，与用户保持频繁互动的社群关系自然是不二选择。

1.1.3 社群滋生信任，信任生成流量

在互联网时代，"流量为王"的法则从未过时。没有流量就无法引导用户消费。"流量为王"的内涵其实很简单，即流量带来"看客"，再将"看客"转化为"客户"。

但在电商 1.0 的思维下，电商采用的"催化剂"大多十分简陋，常见的有促销活动、网页美化、产品包装等。为了提高哪怕 1% 的流量，商家也会尽量对每个字、每张图精雕细琢。这些"催化剂"与传统商业模式的手法别无二致。

这类手段最初尚能发挥效用，但随着流量成本越发高昂，这种浮于表面的精雕细琢往往只会事倍功半。如果商家仍然停留在电商 1.0 时代，只会被市场淘汰。那么，在移动社交时代，电商该如何获取流量？答案就在于社群。社群天然拥有能够提高转化率的"催化剂"，即信任关系。

无论是"用户为王"还是社群电商，其本质都在于培养用户成为企业、品牌的粉丝，并让其帮助自己主动推广，从而形成更具价值的流量来源。而要达到这一效果，就离不开信任关系。

如何才能建立信任关系呢？

1. 大众的点评

在个性化与小众化消费的崛起中，企业开始注重社交平台上的营销宣传。然而，在很多人看来，企业的自我宣传都存在疑点，相比而言，消费者的体验分享则更具可信度。

如何重新建立信任关系呢？

在每个电商平台中，消费者点评都是重要的一环，也是消费者做出消费决策的重要依据。但在社群电商的发展中，这种点评不再局限于电商平台上，也开始出现在微博、微信里。

于是，电商平台的商品点评数据以及社交平台的消费分享逐渐成为商家获取消费者信任的重要手段，而大众的点评往往也是消费者购买商品的决定因素，如图 1.1-3 所示。

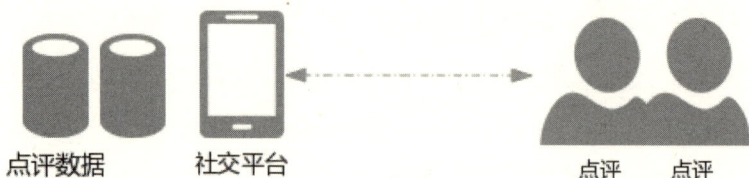

图 1.1-3　商品评价影响消费者购买

2. 社群效应

基于大众评价体系的完善和流量入口的不断互联网化，社群也由此成为流量的重要来源。

用户加入社群之后，就等于进入了商家的营销"池塘"。在这个"池塘"里，商家可以通过投放各种"饵料"以获取用户的信任，并以每个用户为基点进行再推广，从而获取源源不断的流量。

如此一来，用户的主动购买、主动分享能够为品牌和产品带来更多的正面评价，品牌或产品从而借助大众评价体系，获得良好口碑。

与此同时，基于用户的主动传播，朋友圈的信任度、社交平台的曝光度自然会为企业带来更多的流量。流量入口的自主扩张意味着商家只需做好社群运营，建立信任关系，将流入的流量沉淀下来，就可以完成变现。

1.2　社群粉丝能撑起电商半边天

"社群粉丝能撑起电商半边天"。看到这句话，很多人大概会不以为然。毕竟，仅 2016 年"双十一"一天，仅天猫一个平台就实现了 1 207 亿元的交易额。这对社群电商而言，似乎是一个不可企及的天文数字。

然而，正如民营经济与国有经济相辅相成一样，与"大而壮"的平台电商、垂直电商相比，"小而美"的社群粉丝同样能够在电商中撑起半边天。事实也逐渐证明了社群粉丝的力量。

早在 2016 年 1 月，阿里巴巴 CEO 张勇就以"形势严峻"形容当时的商业模式。在他看来，"单一地为消费者解决信息对称问题的商业模式会非常迅速地退出历史舞台"。很多人将之看作危言耸听式的自我激励。

然而，在 2016 年"双十一"再创新高的背后，却是大量"淘品牌"正在"出淘"。这些"淘品牌"依靠淘宝、天猫成长起来，但也就在这一年开始逃离平台电商的"康庄大道"，走上社群电商的"独木桥"。

某个首批入驻天猫的服装零售品牌在 2011 年"双十一"中曾夺得女装销售冠军。但在 5 年后，同样是在"双十一"这一天，该品牌宣布正式从互联网品牌向新零售品牌转型。

该品牌对此的解释是："未来的零售生意，经营的是人的生意而不是单纯卖货的生意，人与人之间要有沟通交流的途径。产品只是一个用来连接品牌和客户的介质。利用衣服、产品与客户产生接触，接触之后要有文化和社交的属性，以此为基础，生意才能做大。"

1.2.1　"投喂"型被动消费时代

信息大爆炸时代的到来为人们带来了更多的信息获取渠道。然而，太多的信息也带来了更多的问题：面对更多信息，该如何筛选有效的信息？如何辨别信息的真伪？如何避免被信息误导？这些都是信息大爆炸带来的问题。

1. 耗时费力

在电商发展初期，消费者或许还会仔细翻看评论，搜索产品的相关信息，进行比价、问询，最终做出在他们看来正确的消费决定。但多年以来，刷好评、

SEO（Search Engine Optimization，搜索引擎优化）营销等营销手段的出现，使消费者即使耗费大量时间、精力去比价、问询，也无法确保付款之后从不后悔。

于是，消费习惯的发展也出现了"盛极而衰"的趋势。在耗费大量时间、精力去消费的时代过去之后，"投喂"型被动消费时代由此到来。

"投喂"型被动消费时代的一个重要特征就是分享——消费者通常在社交工具的分享与被分享中完成消费。而这背后的原因仍然在于信任，如图1.2-1所示。

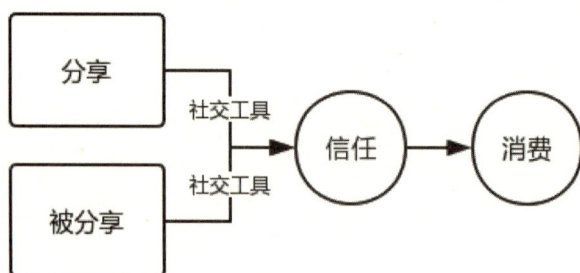

图1.2-1　"投喂"型被动消费的基本流程

当从第三方渠道获取的信息也无法赢得消费者信任时，那消费者还能信任谁呢？除了自己，就只有亲朋好友。因此，朋友圈分享成为效用最强的"背书"，消费者有时甚至不信任"专家评测"，而宁愿相信朋友圈推荐。

2. 不懂套路

与厌倦了耗时耗力的线下消费的80后、90后相比，70后也逐渐进入线上消费行列。据2016年的相关数据统计，在电子商务消费群体中，70后占比达到21%。虽然70后的消费群体占比低于80后、90后，但其消费能力却更强。

不过，对于传统电商的套路营销手段，年轻人花费一些时间、精力或许还能辨别，从中找到正确的信息。而70后则缺乏这样的能力，甚至缺乏相应的防范意识。因此，很多70后在线上消费时更愿意相信朋友推荐，更倾向于口碑式消费。

所谓的"投喂"型被动消费，其实就是将产品、服务通过社群"投喂"给消费者，基于社群中的信任关系，促使消费者形成购买行为。

在消费习惯的改变中，社群粉丝的力量也凸显出来。因为社群内部的高互动、强信任，"投喂"型消费能够在这里实现更广泛的传播。

1.2.2 社群能即刻引爆传播

消费者变得越来越懒惰，他们需要商家将产品、服务等"投喂"到面前；但与此同时，消费者也变得越来越勤快，他们愿意将消费体验随手发到朋友圈里。正因为如此，社群粉丝才具有撑起电商半边天的作用。

如今，很多企业仍然沉迷于大众传播思维，认为大量的新闻曝光或媒体营销就能为自己带来足够的流量。然而，他们尚未认识到：营销传播的目的在于获取消费者的信任和认可，如果大众传播不再被信任，那大量的曝光又能发挥多大的作用？

不可否认，在获取流量上，大众媒体确实仍在发挥一定作用，但在移动社交时代，当个性化与小众化消费崛起，"投喂"型被动消费成为趋势时，社群才是引爆传播的关键。

比如拥有庞大粉丝用户群的苹果手机，因为乔布斯的个人魅力而自带强大的广告效应。即使苹果不进行大规模宣传，关于苹果的新闻也会见诸报端，并得到极大关注。与此同时，在"果粉"的主动维护下，负面新闻会被迅速覆盖。

对于商家而言，社群中蕴含的巨大能量才是在互联网时代成为"流量之王"的关键。

那么，社群是如何即刻引爆传播的呢？

1. 主动分享

当某个品牌存在于社群用户的关注列表中时，品牌的每个产品发布或新闻推广都会得到用户的大量评论、点赞或转发。在社群的频繁互动中，该品牌的新闻很容易就能成为热门新闻。

而在个人朋友圈中，当个人购买了心仪品牌的产品后，都会迅速"晒图"。

因为这样的"晒图"既能够表现出他们对产品的喜爱，也可以满足其某种心理需求。

社交平台上的广泛传播能够将大量流量引导至品牌，带动其他用户跟风关注。

2. 反向推动

社交媒体时代需要社交传播思维，但大众媒体同样具有不错的营销效果。至于如何使用大众媒体，让他们"免费给你打工"，则需要技巧。如果品牌仍停留于"投钱做广告"，希望通过大众媒体打开市场，那效果肯定不尽如人意。

那么，品牌该如何使用大众媒体呢？其实很简单，让社群反向进行推动即可。

若品牌发布的某条微博或在公众号发布的某篇文章能在社群中得到迅速传播，且在短时间内获得百万级的阅读量或过万的评论数时，它就会成为热点新闻，大众媒体自然会主动参与进来。

社群的力量在于病毒式传播的成倍放大效应。尤其是在社交传媒时代，当每个人都成为社交平台上的一个媒体时，将用户聚集在一起的社群就能够即刻引爆传播。与此同时，传统的大众媒体也会迅速跟进，从而不断放大效应，吸引更多的大众关注。

1.2.3 水能载舟，亦能覆舟

社群粉丝能够撑起电商半边天，不仅表现为其对电商发展的支撑力量，更在于社群内部的负面信息对电商品牌的巨大损害力量。水能载舟，亦能覆舟。构建社群并维护社群关系，即使无法引爆正面传播，也能够尽可能避免负面传播。

如果有一件事，导致一直追随、支持你的人，立刻站在你的对立面，你可以想象这件事的影响何等深远——更何况那些本就对你没有任何信任的看客，他们极容易受负面信息的影响，而竞争对手也会借题发挥。

如果有一个社群，在专业领域内极具权威，群内发布了关于你的负面信息，你可以想象这个消息的传播将会对你造成多大的伤害——社群的权威性会放大负面信息的影响力。

在移动社交时代，社群往往会爆发出超乎想象的力量：社群能够推动品牌迅速崛起，也能将其拉下"神坛"。

如今很多企业的成功都是立足于社群粉丝，最典型的当属小米。但时至今日，当 MIUI8 系统开始内置广告，当小米无人机发布日"炸机"时，大量小米"发烧友"纷纷脱离小米社群。

金无足赤，人无完人。借助社群崛起的品牌，其实并不需要在所有方面做到完美，关键要做到赢得社群用户的认可。商家的产品即使出现过各种问题，只要社群用户认可其为用户服务的真心，也会选择谅解。反之，一旦被社群用户发现商家没有真心为用户服务，只是借用户赚钱，那他们也会以单纯的买卖关系看待商家。

借助社群商家能够即刻引爆传播，让用户帮助自己将产品"投喂"给其他用户，要实现这一点，商家就必须真正赢得社群用户的信任。

1.3　社群联结用户，重构商业模式

在传统的商业模式中，只存在买卖关系。但在社群粉丝经济模式中，在社群用户与品牌的高度互动中，两者之间也得以实现情感联结，让原本的商业气息中融入了不少的人情味。

1.3.1　社群联结一切

在推动品牌传播的过程中，用户作为单个的个体确实能够起到相当大的作用，但在用户分散各地的前提下，如何利用这股力量呢？即使是传统的直销手段，也很难汇聚成强大的中坚力量。用户的力量需要在协同中才能得到完全地展现，而

社群正是用户的聚集地。

借助微博、微信、QQ 等社交工具，社群的影响力越发凸显。而社群本身也具有极强的包容性，可以联结一切元素，诸如人、产品、服务、活动等。

当用户的需求在社群中得到满足时，他们自然愿意继续留在社群中并招纳更多的"友军"入群。而随着成员的不断增多，社群也将变得更加多元化和个性化。

对于品牌而言，借助社群将用户的力量集中起来，就能形成强大的社群效应，从而实现流量沉淀和变现，并在对用户力量的引导中，能够及时引爆传播，让每个社群用户都成为一个流量入口。

一群坚定的社群用户能够让品牌新品迅速成为爆品，也能够让品牌的公关危机在瞬间销声匿迹。社群联结一切的特性，使得电商的商业模式也得以重构，以全新的姿态面对市场。

那么，社群电商是如何重构商业模式的呢？我们可以从社群构建的角度进行探索。

1.3.2　群主的号召力

在社群形成之前，忠诚用户会以粉丝的形式围绕在某个对象周围，虽然他们之间偶有互动，甚至会自发组织一些活动，但无法形成一种固定的系统。因此，在社群形成初期，必须由群主将忠诚用户聚集在一起。

对于"果粉"而言，乔布斯就是他们的群主。这位传奇式人物的一言一行都深深影响着粉丝们，单凭他的个人魅力就足以聚集人气。

在乔布斯的感召下，"果粉"们汇聚在一起，形成一个忠实的社群，自觉支持苹果的产品，自觉成为苹果的宣传者和维护者。

然而，如乔布斯、马云这类明星企业家，其精力必然更多地放在企业运营上。所以在真正的社群运营中，群主还需要更加"接地气"。

在娱乐圈的粉丝群体中，经常能够看到各种粉丝团，团长通过对粉丝进行管理，组团支持明星的某次活动。社群的构建同样如此。群主将用户号召起来之后，同样需要在社群内部塑造一个管理者，这个管理者需要在社群内部具备相当的感染力，并能够与用户打成一片，从而保证社群的管理和运营。

1.3.3　去中心化的管理

社群形成之后，要采取去中心化的管理方式。最初的群主可以逐渐淡出社群视野，给予用户自由交流的空间。此时，社群只需一位管理者维持社群运营即可。

为什么在社群运营中，需要采取去中心化的管理呢？

在学校里，课间休息时同学们在一起相谈甚欢，一旦班主任进入班级，全班立刻鸦雀无声；而在娱乐圈里，在粉丝团热烈讨论时，随着明星的入场，全场只剩下尖叫……

内部互动是社群的生命力所在，而商业想要实现情感联结，就要将社群打造成可以让用户频繁互动的平台。

因此，去中心化就成为社群运营的必然选择。只有如此，才能让社群用户自由讨论、自由交流，推动用户主动吸纳更多用户入群，从而不断丰富社群的内容，增强社群的互动性和生命力。

与此同时，企业也不能完全"无为而治"。除了对社群的基本管理，比如规则的制订与执行，企业还要不定时地举办一些活动，从而提升社群热度，并在需要时对社群内容进行适当引导。

从粉丝到社群，正是让商业实现情感联结的最佳方式。利用群主获取粉丝，并组建社群，利用去中心化连接一切，就是以社群为核心的新型商业模式，也是社群粉丝经济的价值所在。

1.4 移动社交时代，社群经济迅猛发展

随着微博、淘宝纷纷布局移动端，微信成为移动社交霸主，在移动社交时代，社群粉丝经济的发展将更加迅猛。

1.4.1 社群粉丝经济

微博、微信等社交平台的逐渐崛起，其平台黏性逐渐增强，社交平台不再只是单纯的娱乐、社交工具。事实上，社交媒体已经彻底颠覆了传统的商业和消费行为。

传统的电影宣传，多半是通过公交地铁站的广告牌，让大众知道电影将要上映；而在社群时代，粉丝们只需动动手指，就可以在网上找到与电影有关的绝大部分信息。华谊兄弟传媒股份有限公司董事、副总经理兼董事会秘书胡明说："社群已经彻底地改变了电影行业和娱乐行业的生态。"

对于粉丝来说，他们既是观看电影的观众也是电影创作的参与者。因此，很多网络平台为他们提供了写影评的空间。华谊兄弟运营的"星影联盟"已经有超过1.3亿用户，胡明表示：组织粉丝参与电影创作将成为现实。

社交平台联结一切的特性，让人与人之间的互动变得更加频繁。而社交平台的力量，足以在一夕之间迅速强化或摧毁某个品牌。

因此，立足于社交平台的粉丝经济逐渐成形，社群经济也随之而生。作为社交时代催生出的新型经济模式，粉丝经济和社群经济在本质上都是通过与用户直接互动，获取关注度、转化度和传播力上的成功。

粉丝经济与社群经济只在侧重点上有所区别：前者侧重于"明星"的塑造，后者则注重对社群用户的长期运营。两者只有结合在一起，才能通过群主的塑造和号召，将用户聚集在社群中进行运营，进而深度开发出其中的价值。

1.4.2 资本簇拥社群经济

在移动社交时代，社群经济之所以能够迅猛发展，除了因为移动社交的蓬勃发展外，更关键的是因为资本正在簇拥社群经济。

2016 年，国内已有超过 30 家上市公司涉及社群运营、社群经济等相关业务。相比于 2016 年第 1 季度的 10 家，2016 年第 2 季度增加了 20 家。这 30 家公司主要集中在文化传媒、游戏电竞及服饰纺织三大领域。资本为何如此热衷于社群经济？相关原因如图 1.4-1 所示。

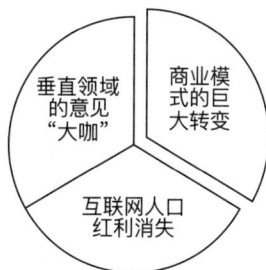

图 1.4-1　资本青睐社群经济的原因

1. 商业模式的巨大转变

随着微博、微信等移动社交平台的持续走红，消费者对移动社交的依赖也不断加深。而在个性化与小众化消费的崛起中，传统广告已经很难打动消费者了，当直接锁定消费者的营销方式逐渐失效时，企业则需要将社交平台视作一个庞大的营销重地，从而迅速实现与消费者的互动。

2. 互联网人口红利消失

近 10 年来国内互联网人口红利爆发，基于持续增长的互联网人口，即使产品本身较为粗糙，各种互联网产业也都获得了巨大成功。但时至今日，互联网人口红利释放也跃过粗放期进入平缓期。此时，社群经济则能够借助人群画像，将各种营销信息精准推送给目标消费者，从而缩短传播途径、降低营销成本。

3. 垂直领域的意见"大咖"

当企业开始借助社交平台接触消费者并逐步实现精致化发展时，就必然需要社交平台内的意见"大咖"的帮助。这些所谓的"网红""大 V"都有着强烈的"网感"，他们知道网民需要什么，也知道如何满足网民的需求。

他们在社交平台中的影响力也由此而生，而企业为了转型发展，正需要此类影响力的帮助。因此，社群经济自然成为企业应对移动社交时代的必然选择，企业需要借助这些意见"大咖"的力量，或者将自己塑造为意见"大咖"。

基于移动社交时代的新型商业模式，企业必然需要依靠社群经济实现持续发展。尤其是文化、游戏、服饰等行业，与互联网、电商有着极高的契合度。因此，2016 年以来，市场敏感度极高的资本自然会倾向于社群经济，而这也将进一步推动社群经济的迅猛发展。

1.4.3　社群粉丝的跨界创新

构建社群粉丝被看作传统商业应对移动社交时代的良策，事实上，在社群经济的迅猛发展中，基于移动社交和移动电商，其经济模式也在不断创新。

互联网时代是一个讲究跨界的时代。

索尼曾经是世界范围内最成功的视听设备厂商之一，柯达的数字相机在 1991 年就领先同行 10 年，但进入 21 世纪，索尼在视听领域逐渐销声匿迹，柯达也不知所踪。原因何在？因为计算机厂商苹果的 iPod 让用户有了更好的视听体验，因为诺基亚手机让用户可以随时随地轻松拍照。

2013 年，中国进入互联网金融元年，做电商的阿里巴巴推出余额宝，只是将传统货币基金进行简单改造，就能够与传统货币基金产业——商业银行——一争高下。同年，阿里巴巴、腾讯、平安等联手推出互联网保险公司——众安保险，保险业随之拉响警报。

互联网时代逐渐形成以用户为中心的商业模式，谁拥有了用户，谁就可以轻易跨界抢占市场。

基于此，当企业借助微博、微信获取了大量的社群粉丝时，是否也可以进行跨界创新呢？当社群成为志同道合者的聚集地，企业是否可以打造出一个"赶集"活动，为社群用户推送各种相关的产品或服务呢？

试想一下，如果你的社群中有 1 000 个铁杆用户、10 000 个普通用户，你是否可以在社群里推销服饰、电影和生活必需品呢？假设这是个服饰社群，那么向时尚、电影、化妆品等领域跨界并非难事，甚至在恰当的操作下，效果惊人。

社群是用户基于某种共同诉求的集聚地，对一个群体而言，其共同点绝非局限于一点。通过对用户需求的开发，社群能够发挥超乎想象的价值，其关键在于企业能否准确把握社群的需求。

1.5 社群崛起，场景化运营成趋势

场景化是社群崛起的关键词。社群的框架、营销与正常运转都离不开场景化。移动互联网把"人"提到了空前的高度，不仅产品围绕着客户的实际情况与习惯设计开发，整个社群的运营、管理也都围绕着"人"的概念不断拓展，从而衍生出社群效应，提升品牌与客户之间的黏性。"无场景，不社群。"新零售时代，场景是避不开的话题。

1.5.1 社群组织管理场景化

"一个成功的营销，必须迎合我们心灵深处的那种农业时代的部落意识。"

《非摩擦经济：网络时代的经济模式》一书的作者勒维斯曾做出这样的论断。社群亦是如此。满足心中潜意识的场景化"部落模式"，这不仅是社群普通客户的心理需要，更是整个社群架构的共同心理需要。因此，社群的组织管理同样需要具备强烈的场景化特质。

场景化的组织管理伴随着互联网的出现同时诞生。例如早期的论坛，绝大多数都是由几个站长共同建立的，他们多为相关领域的爱好者、发烧友，论坛的标签由这些站长设定；随后产生的论坛文化则依靠论坛用户不断完善，最终由各个版主深化、确定。只是相较于社群时代，受限于时间、空间等，互联网在早期的场景化气质并不明显。

而伴随着移动互联网迅速发展的社群文化则突破了时间、空间的局限，社群

组织管理的场景化极为明显。以某歌手的歌迷会为例，可以清晰地看到，这个社群已经形成了非常有秩序的场景化管理。

官方后援会：××后援会，由后援总会及海内外各地区后援会组成。

后援会组织架构：招新组、投票组、周边设计组、直播组、客户端组……

地区分会：全球共有××个地区分会，并在不断增加之中。

后援会主要线上活动阵地："××官方粉丝团"新浪微博、××百度贴吧、××全球后援会论坛、××后援会官方QQ群。

活动基金：由于地区应援活动时需要制作灯牌、手牌、横幅等各种应援物为××造势，还需筹备其他活动所需物资，因此设立活动基金，鼓励成员参与，以此制作××专属产品。

监督机制：地区分会在有活动时需要临时收取活动费，金额以不超过20元为原则，按实际状况调整。各地区必须及时整理账目明细，公示在贴吧，以供××（××歌迷的简称）监督。各地区活动账目将定期公示于贴吧或论坛。

尽管这样的社群主要由网友自发组成，但可以看出其架构非常完整与成熟，每一个结构点都设定了相应的负责人，并且在贴吧、论坛等进行公示，供广大歌迷监督；同时，这些社群管理者也会根据自己的特长精准分工，如微博组、微信组、地区分会等。

细分化的管理体系让每个人都可以轻松进入自己熟悉的场景：一个在微博世界中的红人，同时又是××的歌迷，自然会在微博平台上展现极高的活跃度。当每一个小组都能进入熟知的场景，例如湖南分会主打长沙等地的××见面会、歌迷聚会，那么这个细分社群就会产生与众不同的社群文化，更具地域特色；同时，官方后援会负责提供相关的海报设计、贴吧直播、活动策划等，让各个细分社群既统一又独立：在共同的爱好之上，社群根据地域、平台等的不同，创造出无数个风格迥异的场景！

组织管理架构的场景化设计给整个社群带来了丰富的场景，并带有先天的"强吸引力"——喜欢××的歌迷，可以找到适合自己的细分社群；不了解××的"路人"，如果被社群成员邀请参加活动，也会被各种丰富的场景所吸引，逐渐成为××的歌迷，最终进入社群。所以，要让所有成员活跃起来，必须建立起场景化的组织管理架构，并让最适合的人负责其最适合的板块。这样，社群就可以有条不紊地完成资源的快速配置。

1.5.2　社群营销场景化

品牌，始终是追逐利益的。

越来越多的品牌开始社群建设之路，如今，宝马、奔驰也都逐渐完善起自己的社群架构，将服务对象精准到每个人，变得更加亲民，品牌更具"平民"姿态。为什么这些品牌会大力进行社群化建设？很显然，它们需要创造更大的利益，因此需要进行更精准、更打动人心的营销。

那么，怎样的营销才能打动人心？毫无疑问，植入感染人的场景的营销。

优衣库是年轻人非常喜爱的一个品牌，它能够迅速俘获年轻人的心，很重要的一点就在于场景化营销：其推出的项目合作，邀请了全球各地的设计师，专为优衣库倾力打造经典动漫系列，如圣斗士星矢、七龙珠、银河铁道 999、阿拉蕾系列等。这些作品在全球都有非常高的人气，因此成为优衣库旗下畅销的系列产品。

优衣库是最早尝试社群化运营的服装品牌之一，其微信平台、APP 中功能丰富、活动众多，很容易吸引客户加入；而与知名动漫的合作，会直接击中社群成员的痛点——他们年纪较轻、追逐时尚、热爱动漫，对品质有较高的追求，非常注重保护知识产权。因此正版授权的漫画主题 T 恤一经推出，通过社群组织的不断推广、话题讨论，就会取得极高的销售业绩。

动漫主题的 T 恤给社群成员带来了时尚、怀旧的气质，社群快速"变现"，为品牌带来实打实的销量。不仅是优衣库，近年来各类娱乐节目也善于使用场景化社群营销。

任何一个品牌都会推出相应的品牌产品，围绕品牌产品不断创造出全新的场景，让周边产品、周边服务等都具备丰富的场景化特征，整个品牌的知名度就会迅速提升，进而通过社群轻松变现。过程如图 1.5-1 所示。

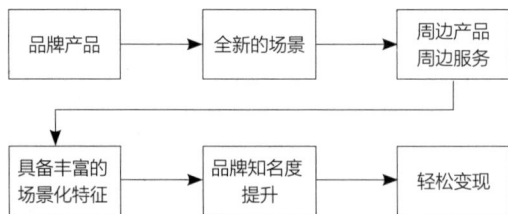

图 1.5-1　社群营销的链条

1.5.3　社群维持场景化

未来的社群场景化不再只是瞬间的定格，而会形成一套完整的体系，进而呈现持续场景化的特点。辐射所有成员的社群将会形成无数细节场景，让所有成员都获得归属感，从而触发全新的场景，直至社群文化完全形成，如图 1.5-2 所示。换言之，从进入社群的一刹那，所有社群成员都将始终处于场景化的包围中。

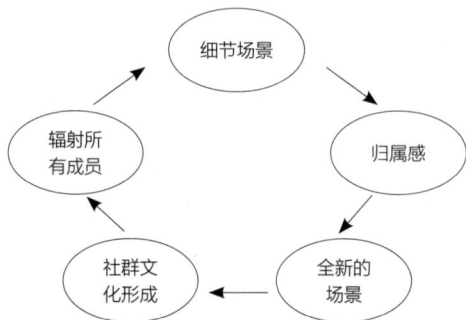

图 1.5-2　持续场景化形成的社群良性循环

每周，社群都会举办线上视频分享会。届时，将会有行业精英嘉宾登场，与社群成员分享经验。而整个活动的策划与举办几乎都由社群成员完成：主题策划小组、流程推进小组、美工团队小组、推广小组……每一个成员都能找到适合自己的位置，为活动出谋划策。即便只是单纯的听众，在线上分享会结束之后，也会完成社群布置的课后作业……

一场活动就是一次场景化的建设。而在活动的筹划期、推广期乃至活动结束期，场景依然存在，每个人都会在相应的环境中完成自己的社群任务。成员的这份任务并非由群管理员强行安排，而是他们被社群文化感染，主动加入活动中。

所有优秀的社群品牌，无一例外都将场景维持作为了发展的重点方向。小米、罗辑思维、秋叶PPT等社群在举办活动时，几乎所有社群成员都能找准自己的位置，并贡献自己的力量。

有人说：社群是"乌托邦精神"的互联网体现——社群创造出了一个个真实的场景，然后由所有人一同推动完成。从某种意义上来说，这种观点并无差错，正是凭借着场景带来的画面，让所有成员将自己幻想成了"电影中的一部分"，这是现实中所不能实现的。就像社群线上视频直播，每个人都有机会成为主持人，但在现实生活中却是难以想象的。社群满足了成员的幻想，从而构建出了全新的场景，社群文化才得以不断发散。

所以，在社群日常运转之中，品牌一定要不断创造场景，让场景实现持续化：设定的话题尽可能贴近社群成员的身份，让成员进行深度思考；举办各种丰富的社群活动并鼓励社群成员去参与、去完成。当社群满足了每位成员的内心诉求，自然会呈现爆炸式的发展态势，社群文化的形成、社群变现的渠道等难题也会迎刃而解！

1.5.4　社群文化输出场景化

与社群息息相关的一个词是文化。纵观成熟的社群品牌，我们都能看到其显著的文化特质。

不同的社群文化属性给品牌带来了与众不同的印象。当社群文化正式形成，就会出现"羊群效应"。当这种社群文化进一步发酵、扩散甚至裂变，很快就会产生新的能量，并不断输出。

只有具备输出能力的社群文化，才是有生命力的社群文化。

"无论一个人有怎样的生活方式、职业与性格，一旦进入某个圈子，与更多的人形成团体，那么他的思考方式与独立状态则会呈现明显的不同。而这种不同会明显影响到身在圈子之外的人。"

这就是"羊群效应"的典型状态，它同样适用于社群。社群形成独特的文化并进行场景化输出，此时身处社群之外的人，就会不由自主地想要进入特定的群体，进入社群。

只有让文化不断发酵、沉淀，使其成为品牌的标签，才能加深社群成员的印象，并使其主动成为与品牌调性一致的人。没有独特的文化或文化气质不够精准的社群，很难进行场景化输出，社群就难以产生强大的凝聚力。

那么，社群该如何进行文化输出？

第一，从品牌、产品中提炼。就像格力空调的"民族气质"，回力球鞋的"国货气质"。

第二，找到可以与品牌融合的既有文化并着手融合。如某些学习类社群，与国画、书法等的既有文化融合，再创造出丰富的文化场景，并不断在社群中沉淀、裂变、输出。

第 2 章

社群"大招"：
如何坐拥百万社群用户

社群并不只是将粉丝组织起来那么简单，要想坐拥百万社群用户，就要给粉丝喜欢你的理由，从无到有，全力满足粉丝需求。

2.1 用户为什么要加入你的社群

在发展迅猛的社群经济中，企业想要从中掘金，获得超乎想象的收益，第一步必然是吸收用户加入自己的社群。没有用户、市场培育和消费引导，社群运营与管理也就无从谈起。

然而，用户为什么要加入你的社群呢？

首先，你要给用户一个关注你的理由。否则，再多的营销、再多的用户，最终也只会是昙花一现。因此，你必须牢牢掌握"社群四要素"——兴趣相同、身份情感认同、物质价值、痛点需求解决。

2.1.1 兴趣相同

宠物说、火柴盒、请吃饭……一系列兴趣社交 APP 的诞生证明了兴趣在移动社交时代的火热。事实上，无论是陌生人之间的社交还是社群吸收用户，最适合的切入点正是兴趣相同。

一般而言，当我们对社交图谱进行描述时，大多会基于 3 个维度，其差异如表 2.1-1 所示。

表 2.1-1　社交图谱 3 个维度差异比较

	关系亲疏	自由度	社交频次（1～5）
熟人圈	亲密，稳定	范围窄，自由度低	3
职业圈	较亲密	范围较大，自由度较高	4
兴趣圈	较生疏	自由度很高	5

1. 熟人圈

所谓熟人圈，就是指人们的亲朋好友。熟人圈不会很大，但其间的社交关系一般较为稳固。由于我们的亲戚关系是由血缘关系决定的，而朋友的结交又大多来自求学、工作，可选择性较小，所以熟人圈本身的筛选范围就较为狭窄。

虽然如此，亲戚和朋友共同构成的熟人圈仍然是大多数人社交图谱的核心。

2. 职业圈

如果说熟人圈是在一个狭窄的范围内进行最优选择，那么，职业圈在很大程度上几乎没有可选择性。虽然我们可以选择不同的职场，但无论在哪里，我们都可能遇到 "不得不交往" 的同事，基于团队、业务等各种原因，他们也会进入我们的社交图谱。

职业圈虽然不会被划分进核心范畴，但很多时候，职业圈内部的互动反而更加频繁。

3. 兴趣圈

社交网络的火热发展，很大程度上是因为在联结一切的互联网时代，人们不再满足于狭窄的熟人圈和职业圈，开始渴望寻找志同道合的朋友。

熟人圈的选择自由度较低，而职业圈甚至没有可选择性。但在线下社交中，人们的时间又大多花费在熟人圈和职业圈中，因此，他们很难组建兴趣圈。

在移动社交时代，人们终于可以从 "无限大" 的社交网络中，重新组建最契合自身的社交圈，我们将此统称为兴趣圈。

想要让用户加入你的社群，唯一的方法就是先进入他的兴趣圈，因此，当人们纷纷进入社交网络寻找 "同志" 时，兴趣相同自然是进入社群的理由。而社群要做的就是精准锁定目标用户的兴趣共性，并引起他们的关注。

2.1.2　身份情感认同

用户寻找兴趣相同需求的背后，还隐藏着寻求身份情感认同的渴望。社群是获取身份情感认同的重要渠道，为此，你需要从一开始就做好自身的精准定位，以免与目标用户失之交臂，如图 2.1-1 所示。

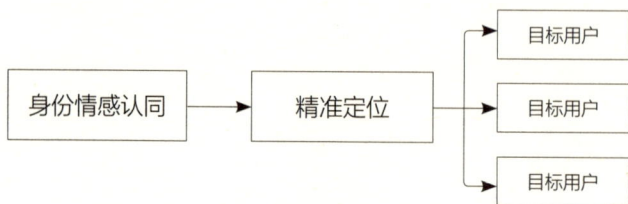

图 2.1-1　以身份情感认同定位用户

在讨论以身份情感认同吸引社群用户之前，你先要明白身份情感认同是如何发挥作用的。

很多人说"社交网络让人们更加孤独"，这是因为在社交网络中，人们都希望分享美好和精彩的事情以获得他人的赞美，这就使很多看客越发觉得自己是个"失败者"，进而产生这样的情绪——别人都很幸福，只有我不幸。

因此，你可以通过提升用户的幸福感，让社群用户获得身份情感认同。但具体该如何去做呢？

1. 成为文化消费对象

在社群用户看来："如果我加入的都是格调较高的社群，就会带动提升我的格调；而在对群主的学习模仿中，我也可以改善自身的生活，分享更多的美好与精彩，从而赢得他人的关注。当然，我不会加入层次过高的社群，以免难以融入、力不从心。"

因此，你要根据目标用户的定位，将社群打造成一个高格调阵地。如此一来，社群既能起到引导用户的作用，满足用户期待，吸引更多用户；同时也能满足用户的情感需求，帮助用户对自己定位，提升外在形象。这样社群才能成为用户的文化消费对象，如图 2.1-2 所示。

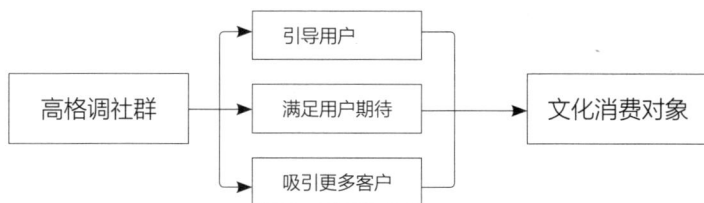

图 2.1-2　要成为用户的文化消费对象

2. 借助社群快速建构

纯粹个人化的关注，并不能快速建构个人的身份情感定位，更加快速便捷的方式是加入某个小众化的群体。在让用户获得身份情感认同的进程中，群主占据了相当重要的部分，但更重要的在于社群的群体描述：通过与部分人共同关注某个明星、话题、文化，用户能够与该群体共享身份归属。

因此，你可以借助社群的聚拢作用，通过回答"我们是谁"这个问题，帮助社群中的每个个体回答"我是谁"的问题。

转移到社群粉丝经济中，罗辑思维的"史上最无理会员"制度，则从社群、粉丝两个角度，帮助用户获得了身份情感认同。

想要迅速吸引更多用户，社群必须让用户感受到"我们是一类人""这里是这类人的聚集地"。因此，社群必须瞄准目标用户的身份情感定位，只要是目标用户认可的，就要不断改善自身与之贴合。

2.1.3　物质价值

从情感需求的角度来看，兴趣相同、身份情感认同是吸引社群用户的必要因素。然而，在消费者越发理智的今天，单纯的情怀并不足以吸引大量用户的加入，社群必须展现出相当的物质价值，才能更加快速地吸引更多用户。

1. 产品不断优化

产品销售是人气变现的最佳手段，也是大多数企业投身社群经济的最终目的。对于销售型企业而言，自身产品就是展现物质价值的最佳方式。

然而，用户的物质需求是无止境的。因此，在用户消费能力或需求上涨的同时，你也要不断优化自身的产品，让其符合社群用户的需求。

2. 服务趋向极致

伴随着国内市场进入服务和体验经济时代，服务也成为产品价值的重要组成部分。在国内消费升级的大环境下，消费者对商品的需求不再局限于商品本身的价值，而开始向服务领域转移，人们愿意花费更多成本，去获得服务价值。而极致服务涵盖了物质价值和服务价值，能将消费者的需求淋漓尽致地表达出来，如图 2.1-3 所示。

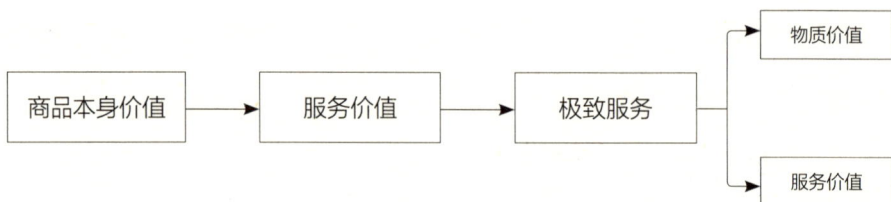

图 2.1-3　极致服务涵盖物质价值和服务价值

在火锅行业中，海底捞的异军突起正是服务价值的具体体现。

当服务变得值钱，涵盖优质服务的物质价值也成为用户加入社群的合适理由。由此出发，企业可以通过运营微博客服号或公众服务号，为用户提供趋向极致的服务。

3. 奖品激励

奖品激励是最直接也最有效的物质价值体现。在所有营销形式中都离不开各种奖品的存在。而在社群经济中，通过关注、评论、转发来进行抽奖是十分有效的方式。

2.1.4　痛点需求解决

在社群经济时代，有一个词经常出现，那就是"痛点"。在痛点思维下，商家要做的并非是研发产品之后投入市场，而是研究市场之后开发产品。

当推出的产品能够解决用户痛点时，他们会惊呼："等了这么久，这个产品终于出现了！"商家也不必再彷徨："增加这个功能，到底能不能赢得用户的认可？"

针对用户的痛点需求，如果企业能够给出解决方案，自然能够让用户找到关注你的理由。

2.2 用户的精准程度取决于你的干货

在讨论用户为什么加入你的社群时，我们谈及了兴趣、认同、物质、痛点等多个方面，为了坐拥百万社群用户，各个元素必须协同作用。

然而，社群用户真的越多越好吗？

2.2.1 以精准程度为重

谈及社群经济，很多人第一时间想到的就是拥有大量的社群用户。然而，在社群经济时代，想要真正掘金，单纯靠数量是远远不够的。

维护社群需要成本，投入成本要能创造效益。假设单个用户的维护成本为 1元，社群有百万用户，但人均效益不过 0.01 元。这样的社群谈何盈利？所以说，社群的成功不在于用户数多，而在于用户精准。

即使社群用户数量不多，但依靠绝对的质量，社群也能创造惊人的效益。

数量如果不能转化为经济效益，那么这个数字无论多高，它实际上依然约等于零。这就像大众传媒时代的大面撒网一样，虽然会有收获，但却未能享受到社群经济的效益。

从苹果到小米，从罗辑思维到知乎，这些品牌的用户和粉丝中的绝大部分人都非常忠诚，是消费的绝对主力军。但对于整个市场而言，这些用户所占份额并不惊人。

在国内市场，小米和魅族的用户效用都十分明显：它们的互联网硬件首发现场常常涌入大量用户，几乎成了品牌最好的"标配"。

在考虑如何吸引更多用户之前，你首先要明确：你的社群用户是否足够精准，是否能够创造出最大的效益？

如何让社群用户与你的目标用户精准匹配？这就取决于你的干货数量。

2.2.2　从自身定位出发

想要获得更精准的社群用户，就要为社群用户提供更多的干货。所谓干货，可以简单地理解为社群用户需要的有价值的内容。

干货的关键点有二：其一是需求，其二是价值。但在以干货吸引社群用户时，首先要考虑的并非是社群用户的需求，而是你自身的定位，明确自己的需求。如果连自己的目标用户是谁都不清楚，又何谈精准匹配呢？

那么，该如何确立自身定位呢？

1. 扩大"数据池"

在明确自身定位时，必须根据数据进行分析。因此，为了明确自身定位，你首先要扩大自己的"数据池"。

为此，初始用户的数量必须得到保证。为了快速建立一个"大而全"的"数据池"，你需要借助社交平台，根据企业的核心文化，推出一些初步的产品和服务，并借助各种大众需求，吸引一些初级用户，形成"粉丝池塘"，进而精准吸粉，如图 2.2-1 所示。

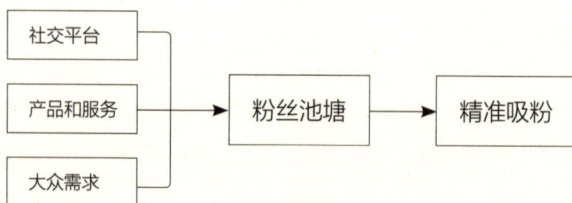

图 2.2-1　增加粉丝的方法与途径

比如,"80 后"是你自身定位的属性特征之一,那么,针对"80 后"群体,你可以推出相关活动,以吸引更多的"80 后"用户。

2. 深度调查分析

在扩大"数据池"时,你可以根据企业、用户属性来选择论坛、微博、微信、QQ 等多种载体,将用户聚合在一起,形成粉丝池塘。与此同时,你需要对其进行深度调查分析,以精准"吸粉"。

在与用户的初步交流中,你可以对其进一步细化分类,并开始着手将初级用户转化为精准用户,进而将精准用户转化为深度用户。这需要不断与用户分享、交流,在提升用户归属感的同时,采集精准用户的深层需求,如图 2.2-2 所示。

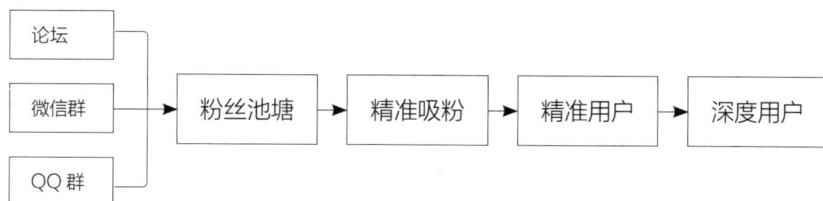

图 2.2-2 深度"吸粉"的策略与方法

即使初始"数据池"中用户的数量达到百万,经过这样的筛选,最终每个细分群的用户数也许都不过百人,虽然与一开始的用户数量无法相比,但正是这批最精准的社群用户,才能为你带来需求的信息,从而构建社群的自身定位。

3. 做好自身定位

根据"数据池"的反馈以及市场调查,你就可以做出较为精准的自身定位。借助这种手段,在不断细分的调查中,你的定位会越发完善。如果参与的社群用户足够多、调查的手段足够完善,那么你的每个产品的每个细节都能精准定位用户需求。

需要注意的是,你的定位越来越精细,你的目标范围就会越发缩小。这种情况其实并非坏事,因为在社群经济中,你要服务的对象必然在你的社群当中,而这必然是一个小众市场。

因此，当你把握住自身定位时，就要精准地吸引你的目标用户，而不能为了追求用户数量，放弃自身的"格调"。

做好自身定位是一切社群行为的基础，只有在精准定位用户属性和用户需求之后，你的社群宣传和社群运营才能做到有的放矢；否则，大量精力和成本的投入反而会让自己偏离社群正道。

2.2.3　为用户提供干货

在吸引精准用户时，明确定位与提供干货必须双管齐下：只有明确自身定位，才能明确精准用户需要怎样的干货；也只有不断提供干货，才能扩大"数据池"并深化自身定位。

那么，在明确自身定位、寻找精准用户的过程中，如何为用户提供干货呢？

1. 利用用户画像，提供价值

所谓干货，其实就是价值。如果你只能为用户提供薯片，用户或许开始觉得很新鲜，但最终还是会选择蔬菜水果。因此，偶尔的"水货"可以用来调节社群氛围，而社群的核心价值仍然在于干货。

社群用户需要怎样的干货？这就需要你对其进行初步判断。

基于自身品牌、产品或服务的属性，每个企业的用户画像重点都有所区别。通常来说，目标用户画像要涵盖这几个要素：性别、年龄、收入、职业、文化水平、地域等，如图 2.2-3 所示。当做好用户画像之后，就可以为其量身定制干货。

如果你主营化妆品销售，那么你的干货核心就可以定义为：职场女性的美妆专家。

仅此一句话，就涵盖了目标用户的几大

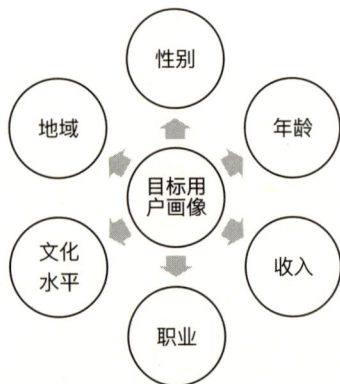

图 2.2-3　目标用户画像涵盖的要素

属性。首先，"职场女性"定义了目标用户的性别（女）、年龄（25 岁～35 岁）、地域（城市）、文化水平（大专以上）；其次，"美妆专家"定义了你的服务范围（化妆）、服务能力（专业）。

2. 信息辐射，价值延伸

干货是吸引并留住精准用户的核心手段，但如何让精准用户知道你这里有干货呢？

此时，你就需要以干货为核心，通过信息关联的手段，不断提升自己的内容跨度，从而扩大辐射圈。这种做法有两个好处：其一，增强信息关联，有助于你的信息进入多个领域，从而被更多用户获取；其二，提升内容跨度，有助于你在调查分析"数据池"的过程中，调整自身定位和干货主题。

比如，你主营化妆服务，就可以将之与化妆品、美妆、服饰等信息相关联，从而进行信息辐射。然而，在对目标用户的吸引和分析中，你可能发现化妆品更符合你的自身定位。此时，你也可以顺势转变，避免走入歧途。

3. 控制节奏，保留价值

想要吸引并留住精准用户，干货必不可少。但这并不意味着，你要在一开始就给出全部价值。

在社群内部，每一次发送干货，都应当引起一次互动高潮。如果你持续提供干货，必然会导致社群用户产生疲劳。所以，必须控制节奏才能将用户牢牢地黏在你的社群之中，并确保每一次推出干货，都能引起社群用户的兴奋。

从自身的角度而言，干货是有限的。没有人可以每天都写出一篇百万阅读量的文章，因此，控制节奏既能调动用户兴趣，也能避免将自己逼入绝境。

从盈利的角度来看，干货是有价的。如果持续为用户无偿提供干货，就会导致社群运营成本的提高。在社群构建初期，这样做得不偿失。

2.2.4　与用户利益捆绑

社群运营需要成本，提供干货也需要成本，而在找到精准用户之后，只有将其留在社群当中，才能让他们持续为社群创造价值。那么，如何将辛苦找到的精准用户留下来呢？

很多社群从业者平时都会大谈"家人"之辞。然而，在实际运营中，很多用户却会发现：所谓的"家人"只是口头游戏，企业只是想赚自己的钱而已。

许多从业者在运营社群时，仍然怀抱着传统的商业观念：客户就是"待宰"的"羔羊"，关键在于如何让"羔羊"心甘情愿地"被宰"。

这种观念的结局必然是惨败。在社群的痛点思维下，社群必须维护好用户的利益，切身考虑用户的痛点需求，照顾用户的个性，并给出尽可能完善的解决方案。这样的解决方案，不管在大众眼中多么没有存在价值，对你而言都是成功的，因为它符合"家人"的需求，如图2.2-4所示。

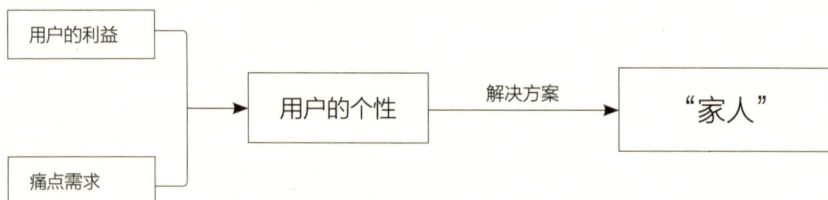

图 2.2-4　利益捆绑，解决用户需求

从某种角度来看，寻找精准用户，其实就是为社群这个大家庭寻找家庭成员。商家、社群与用户三者之间必须实现利益捆绑，只有如此，社群才能持续发展壮大，社群与用户之间才能相互理解、信任。

为何家人之间可以相互理解、信任？因为他们实现了利益捆绑。这样的利益捆绑不仅体现在物质上，也体现在精神上。因此，家人能够相互理解、相互支持。

社群也同样如此，当社群尽心满足用户的物质、精神需求，将之真正当作"家人"时，用户当然也会甘愿为社群创造价值。

那社群该如何与用户建立利益捆绑关系呢？

1. 满足用户的精神和物质需求

在提供干货时,你必须满足社群用户的需求,也就是给他们一个加入社群的合适理由:或是与他们有共同的兴趣爱好,或是获得身份情感认同,或是彰显自身的物质价值,或是解决用户的痛点需求。

2. 依靠用户的支持和传播能力

在筛选出精准用户之后,为了留住他们,你就要让用户认识到:你们是捆绑在一起的。此时,你就要不断告知用户:"正是因为大家的支持,我们才能获得成功;我们的每一次成功,都离不开你们的努力。"当用户感觉到"你没他不行,他有你很好"之后,利益捆绑也就落到了实处。

只有实现与用户的利益捆绑,才能让用户与你站在同一阵线上。如此一来,他们的痛点需求由你满足,你的生存发展由他们支持——这才是最精准的社群用户。

2.3 培养种子用户,打开社群局面

《孙子兵法》中的一条重要战略就是"凡战者,以正和,以奇胜"。在社群"大招"中同样如此,社群给用户加入社群的合适理由,为精准用户提供有价值的干货,是提高社群用户数量和质量的"正"。

与此同时,为了进一步打开局面,社群也离不开一个"奇招"——培养种子用户。

2.3.1 精准种子用户

任何参天大树在长成之前,都只是一粒小小的种子。如果你想要坐拥百万社群用户,最重要的其实是运营好最初的 100 用户。在百传千、千传万的过程中,

最终将百万用户纳入自己的社群中。

在老牌企业、新型电商、自媒体纷纷涌入社群经济的今天，用户的"格调"已经被调教得很高。在层出不穷的"求关注""求加入"中，用户往往是漠然处之。

此时，对一个初入社群经济模式的企业而言，在"阳谋"难以吸引用户眼光时，怎样依靠"奇谋"快速打开局面呢？

答案就在于培养种子用户。所谓种子用户，其实也可以称为"天使用户"：在社群运营初期，你的产品或服务必然还不尽如人意，但这群用户或看中你的服务理念，或折服于你的个人魅力，而愿意关注你，期待你的后续发展。某种程度上看，他们就和天使投资人一样"可爱"。

2.3.2　吸引种子用户

种子用户是打开社群局面的关键要素。然而，正如前文所说，在吸引社群用户越发艰难的今天，又该如何以"无名小卒"的身份培养出种子用户呢？

此时，你可以回归传统，采取线下推广的方式。在培养种子用户时必须谨记，线下推广是为了线上的吸收，因此，二维码才是线下推广的主题。

1. 展业

展业本是保险公司开展保险业务活动的一种简称，如今，越来越多地被其他行业的企业采用。所谓展业，就是在人流量大的地方摆摊做推销。为了吸引目光，展业时，企业会推出各种优惠产品或赠送礼物。

根据自身定位，你可以找到目标用户的聚集地，摆摊推销"二维码"。如今最常见的，就是在很多写字楼下，新生互联网企业推出的展业活动：扫码送礼物，如水果、牛奶、公仔等。

2. 免费 WiFi

在移动互联网迅猛发展的今天，WiFi 成为许多"低头族"的"刚需"。因此，无处不在的 WiFi 自然也成为培养种子用户的有效手段。

其实，商场内部基本都有 WiFi，你的免费 WiFi 只需覆盖写字楼一楼或商场等地。这样算来，成本并不高昂。

当然，所谓的免费 WiFi 并非真的免费，用户必须扫码才能免费连接。

3. 照片打印机

近两年，照片打印机突然流行起来。作为一种线下推广方式，照片打印机无须值守，全凭用户自动操作，十分便利。用户只需扫码上传照片，即可打印一张照片。这种方式也吸引了大量用户扫码。

2.3.3 培养种子用户

丰富的线下推广活动能够吸引大量的初期用户。然而，这些纯粹因利益而来的扫码者很难与社群匹配。甚至很多用户在扫码获得利益之后，立刻"取关"。

因此，在吸引到初级用户之后，你必须立刻向其推送预定的内容，从而留住种子用户，并借此"洗掉"非目标用户。

之所以要"洗掉"千辛万苦吸引来的用户，是因为：虽然你的线下推广地点大多都经过筛选，但如此获得的用户仍然较为复杂，你必须选出其中的目标粉丝，并让其留下来或成为种子用户，从而提高社群构建效率。

筛选培养种子用户的方式其实就是社群的"试运营"。相比正式运营，这种"试运营"更加关键。基于种子用户本身的重要性和传播性，你需要投入更大的精力对其进行维护。

1. 初步筛选

经过一段时间的线下推广，获得 10 000 名社群用户并非难事。然而，在这 10 000 名用户中，有多少能够成为种子用户呢？

你需要进行初步的筛选：定期推送你精心制作的内容，但凡用户对其有一定兴趣，都会点开阅读。在这一过程中，必然会发生大量的用户流失，你无须为此遗憾。因为，对你推送的内容不感兴趣的用户，必然不是你的精准用户，更不会成为你的种子用户。

2. 精心培育

经过筛选，这 10 000 名用户可能只剩下 1 000 个。此时，你需要借助建立微信群、QQ 群等方式，与其进行更深入的互动，从而培养彼此间的关系，让他们成为你的第一批种子用户。

与此同时，你也要向他们传达品牌的文化和产品的理念，获得他们的认可与支持。如此一来，他们才能具备打开社群局面的能力和意识。

2.3.4　打开社群局面

当培养出种子用户之后，你就可以扩大运营，借助种子用户的力量，培育出属于自己的"参天大树"。

经过一段时间的互动，种子用户与你的关系已经十分亲密后，就可以将他们打造为病毒式营销（通过公众号将信息廉价复制，告诉给其他受众，从而迅速扩大自己的影响的营销方法）的"病毒携带者"，让他们帮助你实现快速传播。

具体而言，社群经济离不开微博、微信这两大移动社交平台。你可以号召他们对推送的内容进行转发、评论、点赞。

如果你的内容足够精彩，即使只有 100 个用户主动传播，你的信息也可以快速扩散给百万人，甚至于登上热门话题，让"大 V"主动帮你传播。

2.4　借势大 V，"借塘打鱼"

要想打开社群局面，在依靠线下推广培养种子用户的同时，你也要考虑如何进一步放大种子用户的作用。

正如前文所说，想要实现病毒式营销，凭借自身定位打造出的核心属性就是你的"病毒源"，而种子用户则是"病毒"的第一批携带者。如何让携带者迅速"感染"更多的人呢？

在社群用户初步扩张时期，越具公开性的微博越具有传播价值。因此，一方面你可以依靠种子用户本身的社交圈；另一方面，也可以借势微博大 V，实现"借塘打鱼"。

在社群经济市场尤其是在微博上，已经存在许多大 V，其关注数很多都在千万以上。此时，你是否能借助他们的力量，让他们转发、评论你的微博，从而实现"借塘打鱼"呢？

2.4.1　带号

大多数网络游戏中，都存在"带号"现象。所谓"带号"，就是等级较高的玩家带着等级较低的玩家一起打游戏。这样低等级玩家就可以借助高等级玩家的资源实现快速成长。

想要快速打开社群局面，"大号带小号"是最有效的方法。如果没有"大号"的转发，仅依靠自己和种子用户的力量实现推广，即使能够获得成功，也需要相当漫长的时间，哪怕你的内容十分精致，也是如此。

因此，当你设计出某条优质的推广内容时，你就要找到同主题的"大号"，与其洽谈合作，让他们帮你转发，进而引发大号粉丝再转发，如图 2.4-1 所示。当然，这样的"带号"需要投入一定的成本，但其产出十分惊人。

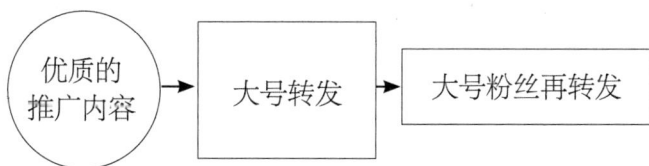

图 2.4-1　借助大号转发，效果惊人

尤其是当你的内容确实非常优质时，只需三四个"大号"转发，其他"大号"

就会顺势转发，因为你的内容能够帮助他们提升自身的内容质量。

"带号"推广的关键就在于内容的设计和"大号"的选择，只要内容足够优质、"大号"选择足够精准，你就能实现"借塘打鱼"。

2.4.2　互推

互推是微博营销的一种常用方式。所谓互推就是互相推广，本质上是一种互换用户的过程。比如，你有1万个用户，他有1万个用户，那么在你们互推的过程中，就能获得多达2万用户的曝光度。此时，参与互推的同等级账号越多，交换得来的用户也就越多。

组织的力量是无穷大的，而且内容的互推也能够提高内容的阅读量，借此也能有效冲击热门话题榜。

互推的关键是"同等级"间的合作，你寻找的合作伙伴最好与你的用户量级相对等，如此才能发挥互推的效力，且无须支付多余的费用。

在互推中，你无须拘泥于可推账号与自己的主题完全统一，只要不是主题完全相悖的账号，都可以进行互推合作。科技类账号推送美食类账号的内容，新闻类账号推送影视类账号的内容，并没有"违和感"。在自媒体时代，虽然自媒体账号有一定的主题定位，但却不受限于该定位。

为了更好地实现互推，你可以加入此类 QQ 群，在与大家交流营销技巧的同时，在群内挖掘互推好友。另外，你也可以直接寻找同等级的账号，通过"私信"洽谈合作。

2.5　创造新奇，提供干货，"玩得嗨"

在移动社交时代，当互联网无限扩大社交的内涵时，每个人的社交欲望都被放大。为了在社交网络中获得更多的关注和点赞，人们也希望摆脱普通平凡的生活，发布更加新奇的内容。

处于社群经济之中，你当然要满足社群用户的这种需求。

事实上，无论是昙花一现的品牌，还是历久弥新的品牌，他们都深谙其中的道理。举办让用户找到 "存在感" 的活动，并让用户进行讨论和分享，这是获得用户认可的重要手段。

然而，同一种方式，为何有的品牌昙花一现，有的却历久弥新呢？

关键就在于，你能否持续创造新奇，提供干货，让你的用户 "玩得嗨"。

2.5.1　不断创造新奇

"一招鲜吃遍天" 的模式，在社群经济中是行不通的。无论怎样成功的活动，用户都会在时间的流逝中渐渐对其失去新鲜感和快感。尤其是在信息高速传播的互联网时代，任何成功的活动都可能面临大范围的快速复制。

因此，每一次创造新奇之后，你都不能止步，而要不断为用户创造更多的新奇，在一波又一波的热点话题中，将社群推向巅峰。

1. 创新围绕 "三核心"

在创造新奇时，你必须围绕市场热点、时间属性、社群需求等 3 个核心，不断开发新的话题，引导用户参与互动。

（1）市场热点

如今的互联网创造了一个个市场热点，如 "京东 618" "天猫双十一" 等。同样，原本的线下热点也正在向线上转移，越来越多的品牌正在将店庆活动转移至电商平台。

因此，在自身体量较小，无法创造属于自己的热点事件时，你可以寻找并借势市场热点，对这些大牌的事件进行热点再创作，顺势营销或热点关联，从而在社群用户的集体狂欢中，"再添一把火"，如图 2.5-1 所示。

市场热点 —— 借势市场热点 —— 热点再创作 / 顺势营销 / 热点关联

图 2.5-1　善于借势市场热点，创造新奇

（2）时间属性

对于不同的人而言，一年中的每一天都有着不同的意义。对普通职场人而言，这 365 天分为工作日和节假日；对老师和学生而言，还有寒暑假；在情侣看来，还有情人节、七夕节、圣诞节……

根据自身定位，你要把握好每个时间节点的机会。

（3）用户需求

社群用户的需求并非是单一的，你将他们聚集在你的地盘里，你就必须尽可能地满足他们更多的需求。

比如，在毕业季，向职场人士推送"怀旧主题"的内容，满足他们的怀旧情怀；在"双十一"，向游戏玩家推送"单身关怀活动"的内容，慰藉单身人士的"心灵创伤"。

2. 正视用户"吐槽"

"吐槽"是社交网络营造出的一种新型文化。在过去，如果你随意"吐槽"别人，可能会被厌恶；但在如今，适度"吐槽"却是一种幽默的表现。

然而，品牌或企业却不能随意对待社群用户的"吐槽"。因为，用户的每一次"吐槽"背后，可能都是对你的一次否定。但是，对于一般的"吐槽"，你又不能给予太过正式的回应，以免显得"见外"。

那么，你该如何对待用户的"吐槽"呢？

首先，将之看作是一个幽默点，给予趣味性的回应。

如果"吐槽"中确实暴露了你存在的某个问题，你要尽快改进，让用户感受到意见被重视。

另外，如果用户的"吐槽"表明他的利益受到了损害，你就要拿出诚意，弥补用户的损失，以免引发公关危机。

应对用户"吐槽"，你要"在战略上重视，在战术上风趣"，如此才能让品牌的形象更加正面与亲切。不要因为用户的"吐槽"而遮遮掩掩，坦然的态度反而会让用户更加信赖，甚至主动反馈意见。

"吐槽"也是一种参与，借助"吐槽"让用户获益并对其进行利益和精神激励。这同样是创造新奇的手段之一。

3. 保持神秘度

保持神秘度，就是为了将新奇的效用最大化。要想持续为用户创造新奇并非易事，但你可以在一件事上不断铺垫，一点一点地放出消息，让用户持续关注。直到最后，一下爆出让用户惊呼的消息，从而最大化你的创新效益。

苹果发布会、小米发布会……为什么每当这些品牌发布新品时，舆论都会保持高度关注？一方面是因为它们本身的影响力，但更重要的是，它们会尽最大可能地提升"神秘气质"，直到发布会当天才会揭开面纱，给所有人最大的惊喜。

"会推出怎样的新品？会添加怎样的新功能？之前的预测是否准确？"在一系列问题和不断渲染的神秘气氛下，这些活动在当天都会引发足够的爆点和层出不穷的话题，为品牌带来大量曝光和关注。

只有不断地在社群中创造新奇，才能吸引并黏住大量用户。然而，创造新奇多数时候靠的是灵感，而这种灵感却并非总是出现。因此，你必须结合各种市场数据，在保持神秘感的同时激发自身的灵感。与此同时，你还可以借助用户"吐槽"，在维护用户利益的前提下，为其带来新鲜感。

2.5.2　坚持提供干货

无论如何，创造新奇都是一种吸引目光的手段。然而，当目光吸引过来之后，你该给别人看些什么呢？答案就是干货。

在社群"大招"中，吸引用户关注只是第一步。黏住用户并引导其加入社群，才是社群经济成功的关键。而要黏住用户，除了黏住用户的目光之外，还要黏住用户的需求。

1. 以干货为核心

在创造新奇中，你要坚持提供干货。如果没有干货作为支撑，与其放出各种噱头，不如低调"憋大招"，而噱头只不过是干货的点缀。

什么是干货呢？

很简单，如果是文章，必须言之有物；如果是活动，必须有料、有趣、有益；如果是产品，必须具有真实而强大的功能。

2. 关注用户需求

当你构建出一个真正的社群后，为用户提供干货就很容易了，因为你的每个产品、服务，都是按照用户的需求量身打造的。如此一来，你的产品、服务自然能够获得用户的认可。

3. 切忌消费用户

在传统商业模式中，社群用户可以被看作是一种重要的营销资源。然而，在社群经济中，如果只是将社群用户作为一种营销手段，就是误入歧途了。

因为社群经济成功的基础是社群用户的支持，一旦失去社群用户，你将一无所有。如今的社群用户"百炼成钢"，或许被消费一两次，他们还能容忍，但多来几次，你的社群就可能"万劫不复"。

对于社群而言，真正抓住用户的需求、提供干货并非难事，关键在于坚持。看着别人借助各种推广获得关注，你能否沉下心来做用户的"工匠"呢？

2.5.3 专属"嗨玩"活动

在社群经济中,你的核心服务对象永远是你的社群用户。在品牌运营中,你必须谨记这一点。至于其他的消费者,他们的需求可以兼顾,但切忌为了一般消费者的需求而放弃社群用户的需求。

1. 社群用户不等于消费者

要想在社群经济中掘金,你就要区分社群用户与消费者两个概念。

社群用户与消费者是两个不同的群体,消费者只是购买产品或服务的人,而社群用户的行为远远超越消费行为本身。

在社群用户看来,购买产品或服务只是他们表达对社群的认可的一种方式。关键在于,用户已经在社群中倾入了个人情感,社群已经成为他们生活的一部分,甚至是一种精神支柱。

因此,你必须维系社群和用户之间的情感,并尽量将更多的消费者转变为社群用户。如果重点放偏,主动传播的社群用户则可能"沦落"为只会付钱的消费者。

2. 让用户"玩得嗨"

基于社群用户与消费者的区别,对于消费者,在精力有限的情况下,你只需给予其基本的消费服务即可;但对于社群用户,你却要尽力维护,满足他们的物质、精神需求,让他们能够"玩得嗨"。

为此,你可以定期举办"社群狂欢节",在线上或线下将社群用户聚集在一起,让大家在一个大型聚会中尽情玩乐、交流情感,从而提升社群用户对社群的归属感和参与感,如图 2.5-2 所示。

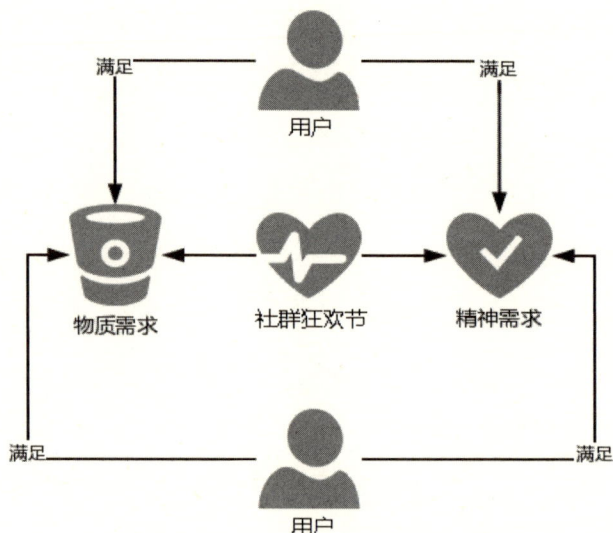

图 2.5-2　社群狂欢节能满足用户的多种需求

　　其实，打造一个"社群狂欢节"并非难事。稍微动点心思，你就可以打造出专属于社群的"嗨玩"活动。

　　如果你是一个服装厂商，你就可以在每年换季时开展"新品设计会"活动，让每个用户参与到新品的设计中，让用户评选出最受欢迎的款式，进行预购后投入生产。对于最受欢迎的款式的设计者，你可以给予物质奖励或新品署名权等荣誉。

　　如果你是一个区域性较强的品牌，则可以直接开展线下活动，让用户前来参与。举办各种聚会活动，将线上关系延伸到线下。与此同时，这也是一种不错的线下宣传活动。

　　为了进一步黏住社群用户，营造"家人"关系，组织专属于用户的活动必不可少。这既可以体现社群用户的特殊性，也可以提升社群用户的归属感。创造新奇并不只局限于线上，品牌需要创造出各种新奇活动，才能将整个社群盘活。

2.6 抓住并解决用户痛点

在"社群四要素"中，我们提到了痛点。时下，无论是社群经济还是其他经济模式，都在讨论痛点思维。那么，痛点思维究竟是如何在移动社交时代制胜的呢？

痛点思维是相对于传统产品思维提出的概念。在传统商业领域中，多数企业的做法是先研发产品并推向市场，然后将之推送给有需要的用户。

但痛点思维与之相反：在产品立项后不着急进行研发，而是确定一类人的痛点需求在哪里，然后想办法找到方案解决它。只要确定了这一痛点需求是可信的，那么相应的产品或服务就值得开发。痛点思维与传统产品思维的差异对比如表2.6-1 所示。

表 2.6-1　痛点思维与传统产品思维的差异对比

思维 \ 要素	产品研发顺序	与消费者的关系
痛点思维	确定需求再研发	以满足消费者需求为主导
传统产品思维	先研发再找市场	强推产品给客户

别克英朗是别克旗下一款非常经典的车型，在国外，这款两厢轿车相当受欢迎。但进入我国之后，别克英朗通过调查，发现我国用户对三厢车情有独钟，所以针对我国市场特别推出三厢版，并命名为英朗 GT，从而更符合我国用户的审美，结果一举成为热门产品。这就是典型的"痛点思维"，别克没有试图让我国用户改变消费习惯，而是针对痛点，顺应我国用户的消费习惯，转而开发三厢型英朗 GT。

在传统行业都开始熟练运用痛点思维时，互联网公司自然更加得心应手，如陌陌、墨迹天气、新浪微博等 APP，都是在不断挖掘用户的痛点需求后，对 APP 进行调整改善，从而直接吸引大量用户，刺激用户的使用欲望。

过去的消费者看到新品时会疑虑"它的这个功能对我好像没用啊"，因而打消购买欲望；但痛点思维却可以让用户惊叹："终于有这个功能了，我等了好久！"

2.6.1　抓住痛点

简单总结一下，要想真正抓住用户的痛点，你需要从3个环节切入。

1. 需求是否得到满足

尽可能满足用户的需求是抓住痛点的关键。然而，究竟要满足何种用户需求？在不断地挖掘中，你可能发现用户有许多尚未满足的痛点需求，在其间，你要找到最为大众、高频的"刚性需求"。

投身痛点需求蓝海，撬动用户的心，并为品牌的传播奠定基础。

2. 性价比是否够高

在痛点思维下，需求市场的性价比同样是需要考虑的问题。如果某个痛点需求产生的市场效益只能做到5 000万元，但整个运营成本却高达4 000万元，那么不做也罢。

什么样的痛点需求性价比最高呢？那就是边际成本可以无限递减的产品。

比如，360在国内首推免费杀毒模式，这既满足了计算机新手的需要，也让计算机安全成本降至最低。但对于360而言，开发出软件之后，一个人用还是一千万人用，所耗费的成本并没有太大区别，何不免费提供，从而获得大量用户，进而带领千万用户向浏览器、游戏、硬件市场发力。

3. 速度是否够快

针对社群用户的痛点需求，永远不要奢望一次性解决，满足社群用户的痛点需求的关键在于提出解决方案的速度。当所有人都在抢占痛点需求市场时，大家就形成了一个"快鱼吃慢鱼"的局面。

只要你能够最先给出解决方案，哪怕方案、产品、服务还不完善，也能给予用户惊喜。在此之后，你只需要不断完善产品即可。

任何痛点需求都具有持续性。

举个最简单的例子,一个人饿了 3 天后,无论是馒头还是烧饼都能满足其需求;但烧饼馒头吃饱之后,他自然会想着吃点米饭、蔬菜;之后又会想吃山珍海味。

人的需求在不断被满足的同时,也在不断地递进。因此,在满足社群痛点需求时,必须保持足够快的速度。

痛点思维是互联网时代成功的必要思维,痛点之所以有效,是因为大众且高频的痛点需求极难挖掘和解决。因此,在抓住痛点时,你必须有所筛选。否则,你可能会在耗费大量精力后才发现毫无收获。

2.6.2 解决痛点

抓住社群用户的痛点之后,你就要着手解决痛点。将你的解决方案兜售给用户,并让他们为此而惊呼。为了检验用户的痛点需求是否真正得到了满足,你可以从以下 3 个角度进行判断。

1. 是否真的 "止痛"

社群用户有了痛点,及时为其止痛是痛点思维的第一步。但在接下来的日子里,你还要不断关注,以防 "病痛复发" 或是出现 "并发症"。

解决社群用户痛点,并非开一次刀动一次手术就可以解决所有问题;解决社群用户痛点是一个中药调理的过程,在解决痛点的初期需要猛药治疗,但此后则需要不断调理。

一次及时的 "止痛" 能够被用户接受,但解决方案不能是临时性的。所以,如何维护和优化 "止痛方案" ,进一步提升优势,是必须思考的问题。

2. "糖果" 真的甜吗

既然解决用户痛点是一个持续的过程。那么,在这个过程中你就要保证用户的持续体验,并以最简洁的功能结构满足用户的痛点需求,以便于后期的改善。

然而,很多产品或服务其实只能满足用户的基本需求,在用户实际使用过程中，深度体验不到位、体验感不流畅等问题依然存在。

此时，你可以通过市场调查，找到阻碍用户流畅体验的节点，并对其进行改善，从而满足用户的体验痛点需求。

正如前文所说，痛点需求市场是一个"快鱼吃慢鱼"的市场，在这个市场里，你一步都不能落后。如果社群用户想要吃山珍海味，你还是只提供馒头烧饼，那么，就不要责怪用户离你而去。

3. 用户是否喜欢

痛点的概念几乎所有企业都在说，但我们必须把握一个原则：解决痛点的方案有很多，但你的方案必须赢得社群的认可。

任何一个产品都有自己的基本原则，你必须从使用健康度和市场健康度等方面对产品设计进行考量，切忌想当然地设计产品。在产品设计时，你要尊重用户自由度，尽量降低用户的使用门槛，减少用户体验的障碍。

在产品开发完成之后，你就要将选择权交到社群用户手中，利用论坛、微博、微信等工具关注用户反馈，了解他们对产品还有怎样的需求。此后，你就可以据此持续改进产品。具体内容如图 2.6-1 所示。

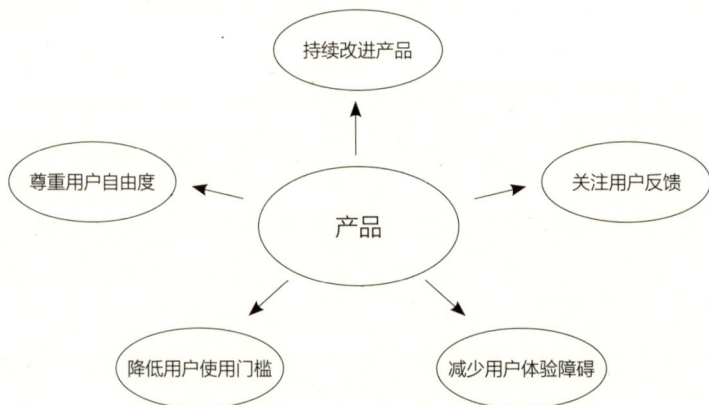

图 2.6-1　要关注用户是否喜欢产品

所以，在解决痛点时，我们必须把握"以人为本"的原则，将那些花哨却不实用的功能大胆砍掉，让用户能够方便快捷地使用产品，甚至是 "一键解决"，这才是解决痛点的核心。

2.7 培养用户习惯，强化社群身份认同

早晨六点半，当我们刚刚起床，还处于 "马桶时间" 时，就会下意识地打开微信，聆听 60 秒罗辑思维语音，新的一天由此开始。

当用户养成一种下意识的习惯甚至是条件反射时，罗辑思维的品牌价值便正式形成，并培养出了一批忠实用户。这就是罗辑思维的成功之处。让产品成为生活的基本用品，让用户使用产品变成一种行为习惯，是所有品牌都渴望达到的目的，而罗辑思维做到了。

维持某种活动的持续性，帮助用户塑造某种习惯，这是让用户加深印象的关键，也是引导用户强化身份认同，从而转化成忠实用户的关键。

那么，你该如何培养用户习惯呢？

2.7.1 用心理暗示去塑造思维

为什么我们在进行搜索时，会第一时间想到使用百度？

因为用户已经有了凡事 "百度一下" 的习惯。当用户养成使用百度进行搜索的习惯时，百度知道、百度贴吧、百度文库等产品的不断推出也在不断强化百度的品牌形象。因此，无论用户遇到什么问题，都习惯于去百度找答案。

"既然 ×× 品牌已经可以满足我的需求，为什么我还要用其他品牌呢？"

当用户形成这样的思维时，习惯也就随之养成了。

在培养用户习惯时，你不需要强调 "自己是最棒的"，只需要让用户认可 "你

是最合适的"即可。

互联网时代正在让人们变懒，人们希望尽可能地简化思考步骤。搜索就用百度、网购就上淘宝、聊天就开微信……一旦这种心理暗示成功，用户自然会在持续的优质体验中不断提高忠诚度。

2.7.2　用物质奖励让用户养成习惯

每个习惯的养成都是因为这个习惯能够给个体带来某种好处。用户为什么要养成使用你、关注你的习惯呢？自然是因为这样的习惯能够使其获得某种回报。

这种回报可以是精神的，也可以是物质的。当然，最直接的当然是物质回报。如今，诸如每日签到有礼、每日登录有礼、发帖回复奖励等机制在很多平台上都有应用。

这种机制之所以被广泛应用，就是因为你只需设定一个积分系统，并在积分兑奖中放入足够诱人的奖品形成积分诱惑，就能够吸引用户主动参与，如图2.7-1所示。而在用户的不断参与中，自然会接收到你的其他推送消息，长此以往，你的心理暗示也将更容易发挥作用。

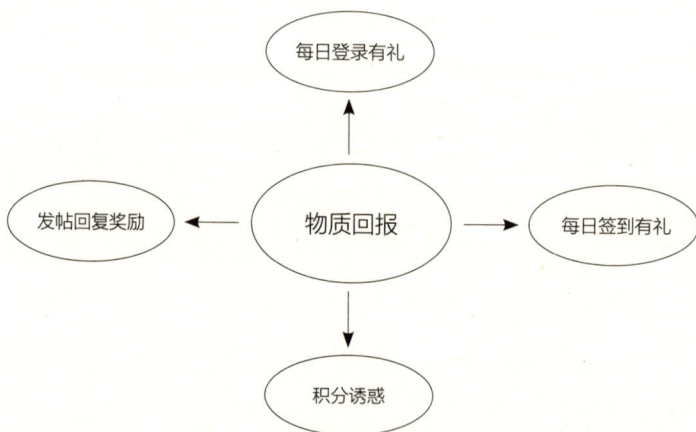

图2.7-1　物质奖励让用户养成习惯

2.7.3 改造固有习惯

要想让用户养成某种习惯，最重要的就是迎合用户的某种习惯，而不是刻意塑造一种全新的习惯。将你的产品或服务融入用户的固有习惯中，一切都会变得更加轻松。

就像罗辑思维的社群用户，基本都有早起的习惯，也都是一群热爱思考的人。因此，罗辑思维才将推送时间设定在清晨六点半。如果其社群用户是一群熬夜族，那这样的推送时间无疑是不当的。

基于这一思维，你可以在对目标用户进行研究之后，对其某种生活习惯进行改造，从而将自身的产品或服务融入其中，最终让自身的产品或服务成为其习惯的一部分，甚至取代其原有习惯。

2.7.4 举办固定活动

举办固定活动是养成用户习惯的重要方式。如每年的 "6.18" "双十一" 都举办一次大促活动，长此以往，用户每年都会提前关注。

因此，对某些效果不错的活动，最好是形成固定的举办周期，甚至将其打造成一个全民关注的节日。

当你的产品或服务融入用户的习惯当中后，就能真正黏住用户，也能进一步强化用户的身份认同。而一个新习惯的养成并非易事，除了从精神和物质上引导用户外，还要借助固定活动和用户的固有习惯进行培育。

第 3 章

社群塑造：
如何给社群粉丝一个"家"

社群粉丝需要归属感，大家聚在一起，希望自己多样化的需求能在社群中得到满足。这就需要社群运营者搭建好平台，提供丰富的社群内容，并使用良好的管理方式让粉丝和谐相处，找到家一般的自在感。

3.1 给社群不一样的身份价值

有效的管理才能将个体的力量汇聚在一起，发挥出巨大的能量。社群经济同样如此，当你借助社群"大招"坐拥百万用户之后，接下来该如何做？

前文提到，要想获得用户支持，你必须真正地将他们当作家人。既然是家人，就要给用户一个家，让社群为用户提供不一样的身份价值。

3.1.1 以社群聚拢松散用户

你的用户可能遍布全球各地，处于一个松散的结构当中。对于传统电商而言，用户只要能上网购物即可。然而，在社群经济中，我们要关注每个用户的需求。松散的用户有着各自不同的想法、意见和表达方式。你该如何将松散的用户聚拢在一起呢？

1. 社群是用户的家

社群就是社群经济运转的大本营，当用户被吸收进社群中时，他们的归属感也会得到提升。因此，基于用户的使用习惯，你要建立微信群、QQ 群、论坛、贴吧等"据点"，为用户提供一个聚集的地方。

针对不同的社群平台，具体运营方式也要有所区别，但其核心本质却有共性，即为社群用户提供一个互动交流的平台，使用户得以表达自己的意见和建议，从而更好地为用户提供服务。

2. 不断完善社群系统

构建社群是一个系统工作，并非只是建群即可。在社群运营中，你需要投入营销、客服、技术等各种力量，以提升用户体验，并及时处理各种问题。

简单来说，在一个社群中，你必须设置管理员、客服、营销、技术四大职能岗位。管理员负责社群的整体运营，客服负责解决用户的各种问题，营销负责向社群推送各种内容，而技术则负责解决社群运营的技术问题，如图 3.1-1 所示。

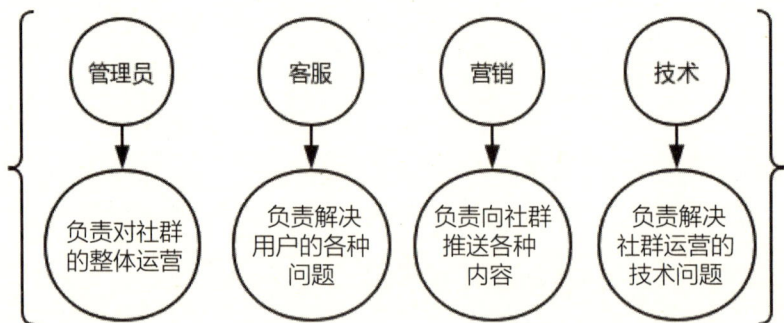

图 3.1-1　不断完善社群系统

3. 鼓励用户主动建群

当社群用户量级较小时，你可以自己负责所有的事情，将所有用户集中在有限的几个社群之中，为其提供优质的社群服务。然而，一旦用户量级上升到一定程度，你就很难做到面面俱到了。

因此，社群运营也要有所侧重，应筛选出社群的核心用户，为其提供最佳的服务；此外，还要鼓励用户主动建群。

具体而言，你可以鼓励核心用户担当"社群团团长"，交给他们构建分群、吸收用户的任务，让他们帮助你进行辐射管理。当然，要想让核心用户做好这项工作，相应的激励和管理是不可或缺的。

社群经济要先"成家"后"立业"，而社群就是用户的"家"。你必须努力塑造并完善"家的体验"，尤其是在社群运营初期。而当社群发展到一定规模之后，则要鼓励用户分担社群运营的工作。

3.1.2　给社群独特的身份价值

对于品牌而言，构建社群是聚拢松散用户的必要手段。然而，对于用户而言，加入社群又能获得怎样的收益呢？

关键其实不在于其中的物质收益，而在于社群的身份价值。

正如前文所说，社群是给予用户身份情感认同的最佳方式，在相互交流中，社群成了一部分同好的小"圈子"。而在这个小"圈子"里，用户追求的并非高人一等的身份等级，而是独特的身份价值。

1. 找到"亲人"的归属感

"社交网络正在让人变得更加孤独"，在无限的社交网络中，很多人仍然未能找到一个志同道合者。社群却能将用户聚集在一起，让他们在相互交流与分享中，感受到找到"亲人"的归属感。

2. 感受适宜的"圈子"文化

在移动社交时代，很多人都感受到社交网络带来的巨量信息。然而，在人流汇聚的社交网络中，其平台文化氛围也不尽如人意。此时，社群能够通过组建专属的小"圈子"，为用户提供更加适宜的"圈子"文化。

根据用户属性的不同，这个"圈子"里可以都是文艺青年，也可以都是知识分子，他们或许都关注时事，或是只聊宠物勿论其他……在这样的专属"圈子"中，其文化氛围也更加舒适。

3. 看着"明星"走下"神坛"

对于粉丝而言，他们关注的"明星"大多飘于云端，他们与"明星"之间虽然偶尔会有一定的互动，但永远难以像普通朋友一样相互交流。而社群却能让"明星"们走下"神坛"，与所有用户共处一个"圈子"，与用户们进行深入交流。这样的沟通自然会让用户感受到身份价值。

身份情感认同是吸引社群用户的重要手段，而社群则是提升用户身份情感认同的进阶法则。因此，在社群运营中，你必须努力营造出专属的文化氛围，给社群不一样的身份价值。

3.2 如何制定社群运营发展规划

2015 年被称为"社群元年"，然而，在这一年的时间里，你是否记得你屏蔽过多少微信群和 QQ 群?

当你怀着激动和兴奋的心情加入社群，并想要满足某种美好的愿望时，却发现群里充斥着灌水、争吵、刷屏和广告。

群主同样很苦恼：群内人数不能太少，少于 30 人不能成群；超过 80 人开始变得热闹，但超过 500 人又乱糟糟的无法管理；过了半年之后，大家可能就慢慢不再发言，最终变成"死群"。

要想让社群变得持久并更具价值，你就要学会如何制定社群运营发展规划。

3.2.1 构建内在生态模式

一个能够长期生存的社群，必然具有一个足够稳定的内在生态模式。根据社群主题的不同，在社群经济下，我们主要讨论两种社群生态模式。

1. 基于社交群的环形结构

社交群的组建一般以大家的相互交流为主，而在这样的互动氛围下，每个人的身份随时都可能发生变化和受到影响。当然，为了将用户凝聚在一起，你必须在群里至少安置一个灵魂人物。这样的人物可能是活跃分子，也可能是围观者或思考者等角色。

如果一个社交群里存在 2 ~ 3 个活跃的思考者，那么，这个群不但具有很强的生命力，而且在创造思想的碰撞中会产生很多火花。与此同时，还需要一些活跃分子，他们可以为社群活跃气氛、增加话题。

在活跃分子活跃群内氛围，思考者提供深度内容、维持群内管理时，围观者也会参与进来，从而使环形社交群更具活力和吸引力，如图 3.2-1 所示。

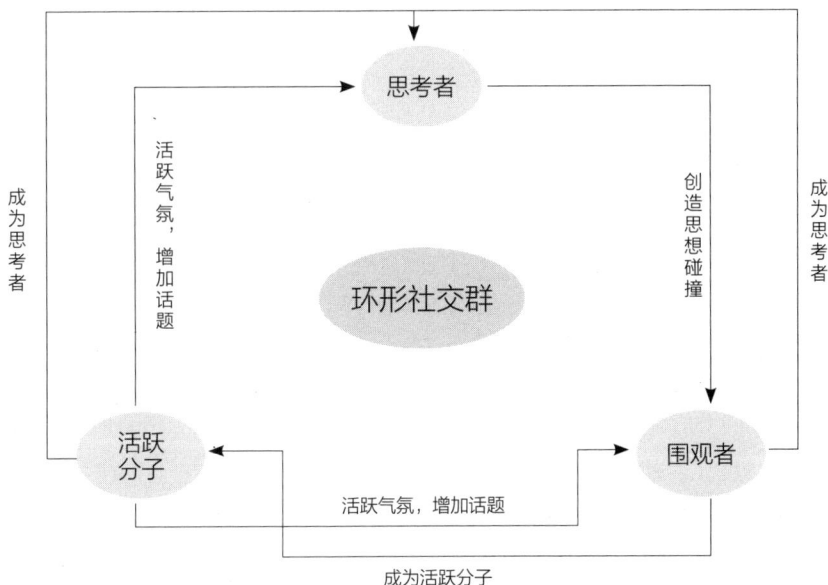

图 3.2-1 形成良性群友互动循环

在社交群的运营中，你要塑造好思考者的角色，从而对社群进行管理和引导；与此同时，要吸纳更多的活跃分子，以保证社交群的良好氛围。另外，由于社交群成员的身份可能互换，所以在进行群内管理时，你要留下较多的弹性空间，以免破坏社交群的活力。

2. 基于学习群的金字塔结构

与社交群相对的，是金字塔结构的学习群。这种金字塔结构中必然存在一个具有高度影响力的群主，用户的加入，大多是为了追随群主学习某种知识或技能。

在学习群中，你要建立一种相对严格的金字塔结构：群主居于金字塔顶端，给用户分享各种干货；管理者居于第二层，帮助群主管理群内事务；用户则居于底层，在相应的规则下学习知识，相互交流，如图3.2-2 所示。

为了保持群主的分享效率，在学习群中应限制用户与群主直接沟通的权限。最佳的运营方式是，由群

图 3.2-2 金字塔结构社群系统

主定期分享知识，群友之间相互学习，并由具有一定见解的思考者负责解答用户的问题。

3. 群内规范必不可少

无论是何种生态模式，都必须建立相应的群内规范。所谓"没有规矩不成方圆"，如果没有完善的群内规范，可能会有围观者基于各种动机在群内发布各种广告；如果没有相应的处罚机制，可能会有触犯群规者成为社群的挑战者的情况；如果管理者缺乏疏导技巧，就会引发部分用户与社群对立，破坏群内的氛围。

根据不同的社群主题和生态模式，群规可以有所区别，但在大方向上基本保持一致：禁止发布违法、敏感的内容；禁止发布广告；禁止用户之间的人身攻击等。另外，社群运营对管理员的能力有较高要求。

基于社群的不同主题属性，在社群诞生之初就决定了其内在结构。如果是为了提升用户的互动体验，自然是选择社交群；如果是为了价值输出，学习群则更有效率。

3.2.2 控制社群人数

社群的人数应该限制在多少合适呢？对于很多社群运营者而言，这个数字当然是越高越好，QQ群最高支持群成员有 2 000 人，那就设定为 2 000 ；微信群最多只能有 500 人，那就只好是 500。

然而，社群人数真的是越多越好吗？

相信不少人都有过加入两三百人的"大群"的经历，其中的体验是怎样的呢？大量的刷屏让你对群消息根本看不过来，信息过载会导致参与的人越来越少，屏蔽群的人越来越多，社群的凝聚力和活跃度也因此而大幅下滑。

在社会学中，有一个著名的"150 定律"，即人类智力允许人类拥有稳定社交网络的人数大约是 150 人。当然，根据地域、文化等因素的不同，这一数字会有差异。在相对松散的社群中，这一数字其实会大幅降低。

根据管理学理论，26 ~ 36 人是一个小型自组织形态的最佳规模。事实上，在微信最初推出群功能时，其人数上限是 40 人。为什么是 40 呢？因为在这个规模下，群友能够依靠自我规范进行管理，群内氛围也相对融洽；在所有群友的充分参与下，社群的凝聚力自然很强。

因此，在社群运营中，你可以先建立一个囊括所有用户的超级群，但在此后，你还要基于用户分类，建立多个小群，将每个小群的人数控制在 40 人左右，以保证每个用户的社群体验。

3.3 社群管理架构与成员划分

一个社群就像一个小社会，它同样具备一定的管理架构与成员划分。社群架构呈现出多元化与分散化的特点，既有处于金字塔塔尖的群主，又有小秘书、活跃分子、监督小组等。社群具备非常完整的结构体系，如图 3.3-1 所示。

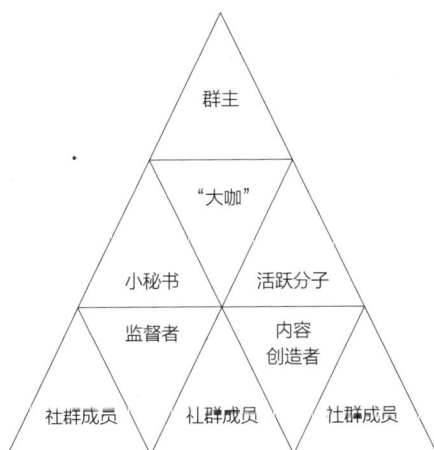

图 3.3-1　社群的架构体系

结构体系的出现意味着社群制度即将形成。

结构体系的诞生意味着整个社群的发展将更加稳定和可持续。

不同属性的成员构成社群，使得整个社群的体系更为紧凑，彼此之间互相影响，从而激发社群产生源源不断的能量——话题、活动、游戏……都是社群的能量产生源。

虽然社群架构并非如一家企业的架构那么严苛与严谨，但要想让社群组织完备，就必须尽可能对成员进行划分，让每个社群成员都能找到自己的位置，并根据自己对社群的贡献不断调整定位，以满足每个人的需求。

3.3.1　社群群主的个人魅力

无论社群的规模有多大，都必须有一个准确的指向，能将所有粉丝凝聚在一起。这个指向既可以是一个人，也可以是一个品牌。

这些人或品牌都是社群的群主。所有社群组织都是围绕着他们而出现的。而这些人或品牌无一例外都具有非常显著的特点——独一无二的自身魅力。

独一无二的自身魅力是任何品牌都不可或缺的——即便身为明星，在公众领域中他也是一个品牌，而非完全单独的个人。一旦具备自身魅力，社群就会形成文化特质，并不断裂变、进化，进而顺利变现。

社群群主不一定直接对社群进行管理或维护，但他需要源源不断地给社群输出价值：也许是一次演讲，也许是一个独特产品的介绍或一次经历分享。并且这种价值是其他人和其他品牌没有的。

例如，打火机当然不止 ZIPPO 一种，但为何其他品牌无法超越 ZIPPO？因为，ZIPPO 的品牌运营方已经让 ZIPPO 拥有了自身独特的影响力——自由、奔放、时尚、前卫、独立。

所以，在经营社群之前，群主是否具备足够的人格魅力，这直接影响着整个社群的活跃程度。从来不做任何个人分享和任何互动的群主，即便再优秀，也无法获得群成员的认可，他给人的感觉是冰冷且毫无生气的。

3.3.2　社群管理员的设定

为了让社群的发展更规范、有序，社群必须设定管理员制度，以维护社群的运转。正如贴吧吧主、QQ 群群主一样，他们既有一定的影响力，又愿意为社群成员服务，如删除水帖、清理 "僵尸用户" 等。从某种层面上来说，管理员对社群的影响不亚于社群群主。

所以，对社群管理员的设定，需要遵循以下两个原则。

1.　品牌方人员做主管理

由品牌发起的社群，品牌方最了解社群文化和社群基因，因此品牌方人员做主管理，最能把控社群话题的方向。同时，对品牌发布的活动，管理员也可以第一时间推送，甚至给社群带来 "内幕消息"，提高社群的活跃度。

2.　社群成员组成 "管理层"

当社群成员数达到一定规模后，一名社群管理员显然无法应对所有的工作，因此不妨通过申请、推荐等制度，构建社群管理层，以分担主管理员的压力。管理层应当主要由社群成员组成，以体现社群公平的氛围；同时，管理员可以定期轮换，这能让更多的成员有机会参与管理，加强社群成员的归属感和参与感。

3.3.3　社群小秘书的职责

秘书这个词，我们并不陌生——负责一些周边工作如安排日程、会议以及订机票、订酒店等。秘书的工作看似琐碎，却能够有效辅助领导完成工作计划、工作任务发布等。几乎所有的商业公司中都设置有相应的秘书职务。

社群中的小秘书有哪些职责？当然是社群信息发布、活动安排等。例如，对于 QQ 群内的公告信息，小秘书应当提前准备好文案，并在发布时 @ 群内所有人。

除了 QQ 群，其他诸如贴吧、网站、微信群等平台的公告发布，基本上都是由社群小秘书负责。对比较大的社群而言，微信公众平台的内容编辑等也都需要社群小秘书把关。

社群小秘书的职责决定了社群运营者要找到合适的人来担任。

1. 熟悉计算机操作

办公软件应用熟练、打字速度快，是社群小秘书的基本职业技能。尽管很多社群中有热心成员愿意主动分担相应的工作，但如果基本操作不过关，就很难胜任。因此，在寻找社群小秘书时，你最好说明相关要求，以找到更合适的人。

2. 细心：小秘书的第一职责

社群小秘书的很多工作看起来就是编辑文字、发送内容等，但在"看起来很简单"的基础上，却少不了细心。时间、参与规则、活动流程……这些信息一旦出现差错，就会给整个社群带来非常严重的负面影响。所以，社群小秘书一定要是心细、谨慎的人。

3. 时间充足：做好小秘书的保障

社群中一些重要的信息一定要第一时间发布，这就要求社群小秘书必须有充足的时间，可以快速使用计算机、手机等进行信息发布。这一点，在招聘小秘书时必须明确说明。在此建议，如果是由品牌、公司直接组建社群，那么小秘书的职务不妨由公司员工兼任，这样能更高效地完成相应工作。

3.3.4 社群活跃分子

在社群中还需要足够数量的社群活跃分子。这个群体能调剂整个社群的气氛。这类粉丝每天会在社群中签到、聊天，不断分享各类有趣的话题，让整个社群活跃起来。有时他们也会创造出高热度的话题，激发所有社群成员讨论。活跃社群气氛是社群活跃分子的拿手本领，会给整个社群注入新鲜的氧气。

不过，每个人的热情都是有限度的，很难有人可以一直保持高昂的情绪。一旦社群活跃分子逐渐变得不活跃，整个社群的活跃度就会直线下降。为了避免这种情况出现，不妨给予社群内的活跃分子一定的"福利"，刺激他们持续活跃。

1. 线下活动优先参与权

例如小米、魅族等企业，每年都会举办大型的粉丝节，能被邀请参加现场活动，可以说是粉丝心中至高无上的荣誉。所以，给予社群内知名活跃分子线下活动优先参与权，一方面能满足他们的心理需求，另一方面又可以发挥他们的长处，如在活动现场发图片、发视频、进行手机直播等，帮助品牌宣传。当他们感受到自己有“特权”，就会持续充满热情，并不断制造话题。

2. 虚拟“荣誉榜”

如果社群有独立的论坛，那不妨开发一套虚拟荣誉体系，给活跃粉丝颁发“活跃达人”的荣誉称号，并让每个社群成员都能看到。活跃分子的心理需求一旦得到满足，他们就会更加热情、活跃。

社群活跃分子的人数可以很多，并且呈现出不断变化的特点——“老”的活跃分子逐渐淡出，“新”的活跃分子“上位”，整个社群就能保持稳定的活跃度和新鲜感。所以，对社群品牌来说，应该定期举办活动，如测评比赛、插画比赛、DIY 设计……以刺激社群成员的情绪，让所有成员都能处在活跃状态中。

3.3.5　社群内容编辑

内容推送是维护社群最常规的手段之一。微博、微信公众平台、贴吧广播……都是内容推送的平台。精彩的内容推送会让社群成员广泛讨论，从而提高社群的活跃度。而要想达到“精彩”这一目的，内容的选择、编辑就必须做到精细化。

以各个平台为例，社群传播的内容应当各有所侧重。

1. 微博平台

微博平台具有公开性和即时互动性等特点，因此，每日微博的重点推送主要以分享为主。社群成员的原创内容制作、品牌活动现场预告与回顾、品牌产品的亮点解析，都是重要的组成内容。尤其是社群成员的分享，更是微博推送内容的重点：既能够体现社群文化，又能够展现社群成员的特点，很容易形成社群内的热门话题。

微博还有一个特点：每天不限制发布条数。因此，微博平台编辑的内容不妨以类型划分，比如，划分为"社群用户互动""品牌信息展示"两大类，并由社群管理员亲自负责。

2. 微信平台

与微博相比，微信平台能够传播更有深度的内容，可以引导社群用户深度思考。由于多数社群都采用"订阅号"的形式推送内容，每天只能推送一次，因此单次推送的内容应当更加丰富，通常一次推送以三条以上内容为宜，可以选择这样的组合：品牌头条信息＋社群粉丝内容推送＋其他周边信息。

社群粉丝的原创内容推送不可或缺。唯有让粉丝成为内容的生产者、传播者，社群的活力才能充分展现。也许社群粉丝的内容创作并不专业，但给予其编辑内容的权利，会让社群呈现出中心化与多中心化的特点。

3. 贴吧平台等

贴吧平台的内容编辑主要为贴吧内最热门主题帖的推送，让用户登录贴吧时即可第一时间看到哪个主题帖是社群最热门的话题，并立刻加入讨论；同时，贴吧发起的活动也是重点信息，也要及时推送。

3.4 线上线下配合，让社群用户"嗨起来"

借助社群将松散的用户聚拢起来只是社群经济的第一步，其核心在于将松散的用户聚集在社群中之后，培育出特有的社群文化，从而大幅度提高用户的凝聚力和归属感，进而放大并释放用户的能量。

当品牌借助社群塑造出自己的社群文化时，无论是在市场营销还是危机公关时，都将获得强大的助力。

当你塑造出某种稳固的社群文化，用户对品牌的认知就不再局限于使用习惯和依赖，而是从物质到精神上的全面认可。那么，你该如何塑造属于自己的社群文化呢？关键就在于通过线上线下的配合，让社群用户"嗨起来"。

3.4.1　线上：内容引流，让用户参与进来

在社交网络和电子商务的迅猛发展中，互联网已经成为重要的流量入口，并将逐渐取代线下实体。而当互联网成为用户获取信息的重要途径时，你就要凭借优质内容在线上进行大量引流。

更为关键的是，如今的用户早已不再简单满足于信息的获取，他们希望全方位地参与到话题当中，成为话题的参与者甚至是引导者。

如何引导话题呢？

用户可以依靠社群的力量，在大量用户的力量聚拢中成为话题引导者，进而获得精神上的满足。

因此，你可以直接在社群内部让用户参与到线上活动的策划中。基于这种参与感，让用户主动进行活动的传播。甚至还可以直接让用户成为某个具体事项的负责人，让其从用户变为员工。

让社群参与到品牌运营中时，企业将获得巨大的能量支持。与此同时，要付出的成本却十分低廉。

具体而言，该如何去做呢？

我们可以借鉴小米的做法。小米公司让"米粉"全方位参与到 MIUI 系统和小米手机的设计中，让他们提出意见和建议，从而不断完善产品。由此产生的作品自然会得到"米粉"的高度认可，进而形成"为发烧而生"的社群文化。

3.4.2　线下：占领实体，让用户切身体验

线上活动虽然能在短时间内吸引大量用户参与，但从参与的体验而言，线上

活动仍然缺少了线下切身体验的感觉。因此，在举行线上活动的同时，也要适当占领线下实体，为用户提供体验场所。

正如苹果、微软等品牌都热衷于建设体验店一样，体验店的目标并不在于销售产品，而是让用户体验产品。这种免费体验的机制能够让用户切身感受到产品的优质，由此再推动用户的消费行为。

那么，对互联网服务商而言，占领实体的意义何在？

哪怕你无须进行实体销售，即使你的服务也都是互联网服务，但在社群经济中，你仍然要保持与社群用户的零距离接触。开展社群见面会、社群狂欢会、群友大集合等活动，让用户能够在线下"嗨起来"。

与此同时，品牌与用户、用户与用户之间的关系也将由此延伸至线下，进一步提升社群关系的稳固性，让社群体验真正落地。

3.4.3 实现线上线下的传播闭环

线上与线下是社群运营的两条腿，只有当两条腿以统一的节奏迈步时，社群才能大踏步地前行。

很多品牌在线上做得如火如荼，却从不落地，于是，用户逐渐流失；有些品牌则偏重线下，积累了一批忠实用户，但其在线上的传播却屡屡受阻。这都是因为未能形成线上线下的传播闭环。

1. 线下活动线上分享

当你举办线下活动时，限于地域和时间，必然有许多用户因为各种原因无法参与。此时，如何让这些用户感受到活动的精彩呢？

很简单，让参与的用户以图片、短视频的形式在微博、微信、直播等平台实时分享。甚至，在网络直播日趋火热的今天，你可以将每次的线下活动打造为一次直播活动，让用户能够实时感受到现场的氛围，如图3.4-1所示。

2. 线上活动线下实现

如果线上活动能够为粉丝带来实体成果，自然能够进一步激发用户的成就感。

在商品经济高度发达的今天，无论是生产型、销售型还是服务型企业，都可以举办各种线上创意征集活动，将用户的创意变为产品，甚至将之打造为社群专属产品，以进一步提升用户的归属感。

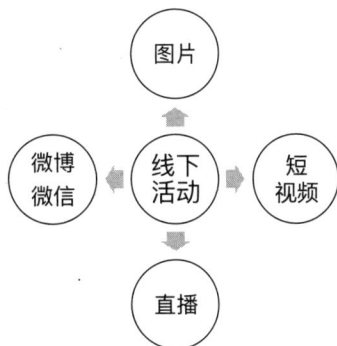

图 3.4-1　线下活动线上分享

社群能够借助各大社交平台，有效地将松散的用户聚拢。然而，社群运营并不能因此而局限于线上，而应在发挥线上内容引流作用的同时，也要占领实体，以线上线下相结合的方式，让社群用户真正"嗨起来"。

3.5　搭建平台，培养"斗士"，让社群自助成长

一个成功的社群其实并不只属于社群构建者，而是属于全体社群用户。社群之所以能够成功，必然依赖于所有用户的追随、支持和维护。

根据用户的支持程度，我们将其分为一般用户、忠实用户等级别。另外，还有一类更具价值的用户——"斗士"。

3.5.1　具有领导力的"斗士"

在电影《斯巴达三百勇士》中有这样一个片段：列奥尼达斯振臂高呼，决心与波斯国决一死战；在他的号召下，其他勇士一扫沮丧的情绪，最终谱写了一首让人震撼的史诗。这就是"斗士"的力量。

面对庞大的用户群体，你很难在社群运营中做到面面俱到；面对突发的公关危机，你很难立刻发动社群的力量。而"斗士"却能够帮你进行用户管理，主动将用户的力量拧在一起。

对社群而言，拥有一批"斗士"会带来怎样的效果呢？

1. 感染其他用户

"斗士"对品牌的支持毋庸置疑，之所以将"斗士"与一般用户、忠实用户区别开来，是因为他们除了拥有对品牌的支持之外，还具有极强的感染力和领导力。

因此，当品牌发起活动时，他们不仅会首先表达支持，还会感染其他社群用户的情绪，进而感染群外用户的情绪；而当品牌出现危机时，他们不会像一般用户那样对品牌产生怀疑，而是会坚定地表达理性的支持，主动化解公关危机。

2. 理性表达支持

相比一般用户，"斗士"对品牌的支持也更具理性。"斗士"的主要发声地就在各种各样的社群中，或是微博、微信，或是贴吧、论坛。一旦出现与品牌相关的负面新闻，他们都会主动理性回复，也不会"好心办坏事"。

品牌总会有负面新闻流出，这种新闻或许由于缺乏根据，对品牌毫无杀伤力。然而，有些用户出于维护社群、品牌的目的，对负面新闻的评论大肆攻击，展现出的低素质反而会连累社群的形象。

相比而言，"斗士"的理性支持则能让社群外的用户感受到品牌的正面形象。这往往比品牌本身的宣传更具说服力。

3.5.2 搭建平台，培养"斗士"

为了保证社群的健康发展，你必须搭建平台，培养"斗士"，并由此逐渐扩大社群的规模。

在社群构建之初，你必须筛选出具备"斗士"潜质的用户，将其纳入你的"元老团"，在与他们进行深入沟通以及对他们进行有效培养后，初步形成社群的文化氛围。

此后，你可以凭借"滚雪球"的手段，逐步吸收用户进入社群，而不用担心会破坏社群文化。

那么，你该如何培养"斗士"呢？

1. 搭建平台进行筛选

在培养"斗士"之前，你需要搭建一个用户聚集的平台，以便筛选出具有"斗士"潜质的用户。此时并不需要与用户保持实时沟通，所以贴吧或论坛就是最佳的平台载体。

在有序推动平台运营的同时，对贴吧、论坛的管理则可以稍微放松一些：只需制定好基本的吧规、版规，让用户自由交流即可。一段时间之后，自然会有用户脱颖而出，他们就是"斗士"的候选人。

为了检验他们是否具有足够的领导力、感染力以及凝聚力，你可以在初步筛选之后，让"储备斗士"担任管理员、副版主的职位。如果他们通过检验，则可以认定其具有"斗士"的潜质。

当然，自然筛选出"储备斗士"需要较长时间。此时，你可以适当引导，比如开展意见征集、推广有奖或票选版主等活动，看谁能够提供更具价值的意见，或是能吸引到更多的用户，或是具备更高的用户支持度，如图 3.5-1 所示。

图 3.5-1　搭建平台进行筛选

2. 固定社群 精心培养

针对筛选出来的"准斗士"，可以构建专门的微信群或 QQ 群。在这里，你能够与"准斗士"进行更加深入、实时的沟通，也可以更有效地传递品牌文化。

事实上，初步筛选出来的"准斗士"都能够为部分用户代言。而在选出"用户代表"之后，你就要对其进行一定的培养，以服从组织的整体发展。

当然，之所以采用这种方式，就是为了吸收社群用户中的智慧。因此，在定下品牌发展战略方向之后，你就可以结合"准斗士"的意见，不断完善品牌的发展战术。

在这个过程中，"准斗士"也将真正蜕变为"斗士"。他们具有足够的感染力、凝聚力和领导力，而且品牌的发展策略是他们参与制订的，因此，他们对品牌有更强的归属感。

3. 让社群自助成长

合格的"斗士"必然具有双重属性。

一方面，他们由用户筛选而出，因此，他们代表着用户的需求，在充分表达用户意见和建议的同时，在社群中也更具亲和力和号召力。

另一方面，经过精心培养，他们对社群文化更加认同，因此，他们也代表着社群的发展需要，能够主动帮助塑造社群品牌和维护社群文化。

在这样的双重属性下，基于其自身的感染力、凝聚力，"斗士"自然能够承担社群运营的重任，完成用户吸纳、文化塑造、社群管理的事务，实现社群的自助成长。此时，品牌只需在大方向上做出引导即可。

相比社群运营，"斗士"就类似于种子用户。只是在承担品牌传播任务的同时，他们的责任更加重大。因此，筛选过程要更加严格。而一旦培养出合格的"斗士"，社群运营将更加轻松，甚至会为社群带来意料之外的惊喜。

3.6　如何塑造社群荣誉感与归属感

对社群用户而言，社群能够赋予其不一样的身份价值。高度的身份、情感认同是社群运营的核心功能。因此，在社群运营中，我们强调更多的是荣誉感与归属感，让用户体验到“家”的感觉。而在“成家”之后，“立业”自然更加轻松。

那么，又该如何塑造社群荣誉感与归属感呢？

3.6.1　高度参与提升社群荣誉感

荣誉感源自品牌运营的各项成果。对用户而言，社群及品牌获得的每个成果诸如市场份额、品牌口碑等，都是提升荣誉感的方式。在这种“一荣俱荣”的关系中，品牌自身的努力发展能够起到明显的提升荣誉感作用。

而在社群运营中，你可以进一步提升这些成果带来的荣誉感，那就是让用户参与到成果的获得中。

在求学期间，你的学校获得市级奖项，你的班级获得市级奖项，你的班级因为你而获得市级奖项，在这三者中，哪一个能够为你带来更高的荣誉感？

同样，高度参与是提升社群荣誉感的最佳方式。那么，你该如何让用户参与进来呢？让用户参与的 3 个方法如图 3.6-1 所示。

1. 提供创意

互联网时代的任何成功都离不开创意，诸如苹果的“工匠精神”、小米的“为发烧而生”、腾讯的微信……而创意并非苦苦思索就能产生的。在社群中举小创意征集活动，能够采集到更多创意。即使这些征集来的创意并不合适，也能从侧面激发你的灵感。

图 3.6-1　让用户参与的 3 个方法

2. 参与设计

在这个时代，颜值已经成为产品成功的必要元素。然而，众口难调，用户究竟喜欢怎样的产品设计呢？是简约主义还是英伦主题，或者是哥特风、复古风？这个问题应该交给用户解答。因此，你可以在社群中举办设计征集票选活动，以便了解社群用户的偏好。

3. 故障（BUG）挖掘

产品开发本身具有较高的技术要求，所以当你借助社群力量制定好产品创意和设计之后，就要开始研发过程。然而，一个产品在研发之初不可能考虑到所有问题，而产品本身的任何 BUG 都可能导致失败。因此，你可以让社群用户参与到 BUG 的挖掘中，以不断完善产品的功能和体验。

3.6.2 优质活动提升社群归属感

社群运营最大的困扰就是在一段时间的热闹之后很快就陷入沉寂。那么，如何充分调动用户持续参与的热情？答案就在于提升社群的归属感。

社群的稳定发展离不开用户的归属感。简单来说，就是凭借优质活动维持群内的活跃度，进而不断提升社群的文化氛围。如此一来，用户自然不会轻易"离家出走"。

1. 定期组织暖场活动

为了让社群保持一个热闹的氛围，你不能有一点懈怠。根据用户属性和社群主题的不同，可以定期组织不同的暖场活动。

针对用户属性而言，如果你的用户多为朝九晚五的上班族，你就可以在每天清晨的固定时间，在社群内发布一条"清醒语录"，以风趣、轻松的语言快速唤醒用户，让他们以轻松愉悦的心情投入工作。

针对社群主题而言，如果你的社群主题是"跑友会"，那么你就可以举办"运动数据分享"活动，让用户分享各自的运动数据，并进行周度或月度评比活动，让用户主动分享运动感受。

此外，你还可以举办"周五红包狂欢夜"之类的活动，定期在每周五晚上不定时地在群内发红包，以提升社群的活跃度，如图 3.6-2 所示。

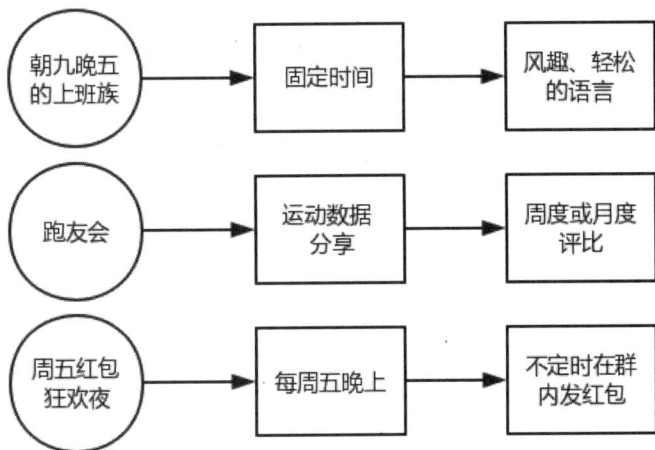

```
┌─────────┐      ┌─────────┐      ┌─────────┐
│ 朝九晚五 │─────▶│         │─────▶│ 风趣、轻松│
│ 的上班族 │      │ 固定时间 │      │ 的语言   │
└─────────┘      └─────────┘      └─────────┘

┌─────────┐      ┌─────────┐      ┌─────────┐
│         │      │ 运动数据 │      │ 周度或月度│
│ 跑友会   │─────▶│ 分享     │─────▶│ 评比     │
└─────────┘      └─────────┘      └─────────┘

┌─────────┐      ┌─────────┐      ┌─────────┐
│ 周五红包 │─────▶│ 每周五晚上│─────▶│ 不定时在群│
│ 狂欢夜   │      │         │      │ 内发红包 │
└─────────┘      └─────────┘      └─────────┘
```

图 3.6-2　定期组织暖场活动

2. 适时举办大型活动

在借助暖场活动维持社群活跃度的同时，还要适时举办大型活动，以引爆群内的活跃度。

对于举办大型活动，每个品牌都有自己的心得。无论是新品发布、店庆大促还是线下聚会，都是十分有效的活动方式。

关键在于活动时机的选择。

很多品牌对活动举办时机的判断都是基于市场时机，即"6·18""双十一"等高度关注时期。然而，在社群经济中，你必须明白你的活动对象是社群用户。

因此，对于你而言，最恰当的活动时机是针对社群用户量身定制、得到社群认可的时机。也只有在这样的节点，才能赢得用户的高度参与。

3. 融入正能量

提高社群归属感的关键还在于在所有的活动中融入正能量。

事实上，无论是何种社群属性，都需要正能量的支撑。

正能量具有极强的精神感染力，对于社群的建立和氛围的维护都有极大的帮助作用。除此之外，如果社群的氛围积极向上，在举办各种活动时，用户也会有更多的参与欲望。

3.7 社群群主聚拢用户的 7 个方法

社群群主聚拢用户的方法有很多，下面提供 7 个价值较高的方法。

3.7.1 及时互动，以平等身份对话

在互联网时代，每个人都能获得丰富的信息，因此，依靠信息不对称而获得的群主地位往往并不可靠。要想维持社群群主的地位，除了具备用户需要的知识技能外，更重要的是具有足够的人格魅力。

那么，社群群主的人格魅力如何体现呢？

关键就在于平易近人。

在社群运营中，你一方面要为用户提供各种干货，让用户有内容可看、有知识可学、有故事可听；另一方面，也要及时与用户互动，而且要以平等的身份对话，如图 3.7-1 所示。

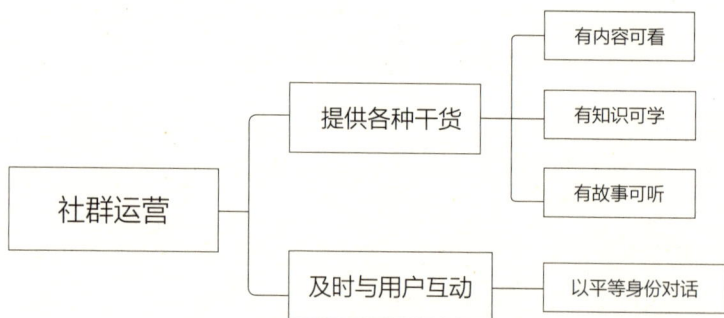

图 3.7-1 社群运营的关键点

当然，在学习群的金字塔结构中，为了确保知识分享的效率，群主不可能经常与用户互动。为此，可以设置"访谈时间"，比如每周抽出两个小时与用户进行"亲切交流"。

3.7.2 征集意见，打造参与感

社群的构建是为了更好地为用户提供服务，为用户提供一个更加舒适的交流平台，同时为用户提供不一样的身份价值。

因此，作为社群群主，你要鼓励用户说出自己的意见。也只有在不断征集用户意见的过程中，你才能及时对产品或服务进行改善和升级。

对于用户而言，如果品牌重视他们的意见，也能够为他们带来更多的参与感。常用的有以下两种征集意见的方式。

1. 征集活动

在新产品或服务的研发过程中，即可推出意见征集活动。在活动中，你要详细描述新产品或服务的研发背景、目标功能，并大致描述你的初步构想。

鼓励用户在了解研发背景和目标功能后，针对你的初步构想提出自己的意见，甚至是更优质的创意。

为了激励用户参与，征集活动必须设置相应的激励措施。

对于意见被采纳的用户，要给予足够诱人的奖励；对于热心参与的用户，也要给予一定的回馈。

2. 随时征集

在以意见征集的方式打造社群的参与感时，你要努力将之塑造为一种常态。也就是说，你要鼓励用户有意见随时提。

在品牌运营中，你的产品或服务难免有疏忽。你要给予用户"监督"的职能，让他们随时提出意见，且要对每个意见认真回应。如果该意见确实有较高价值，你也要给予他们一定的奖励。

3.7.3 增加曝光度，保持神秘感

在移动社交时代，越来越多的 CEO 开始走向台前，如马云、王石、周鸿祎等企业家纷纷开通个人微博，以更加"人性化"的姿态面对用户。之所以如此，是因为 CEO 是品牌的天然代言人。

在社群运营中，群主同样如此。群主的曝光度越高，与用户的互动越频繁，就越能拉近与用户之间的距离。

群主在增加曝光的同时，也要保持一定的神秘感。切忌毫无防备地出现在用户面前，以免失去必要的威信力；而毫无神秘感的群主，也会让用户失去对社群的好奇。

3.7.4 策划创意活动，创造新鲜感

在社群经济大行其道的今天，每个用户都可能同时处于几个社群之中。然而，在社群经济的大发展中，同质化也越来越严重。如果你的社群活动永远是"老三样"，用户也不会买账。

如果没有策划创意活动，就是红包活动也无法挽留住用户。因为用户不愿意为了那点蝇头小利而忍受不断的刷屏和无趣的社群文化。

只有不断推出创意活动，才能让用户保持新鲜感。

创意活动策划的具体形式无法详述，但总体而言，可以从 3 个角度进行，如图 3.7-2 所示。

1. 全面参与

对大多数用户而言，企业的产供销过程都有一定的神秘感。因此，你可以策划活动，让用户参与到企业的产供销全过程中，帮助或见证产品的研发、传播、营销和公关。

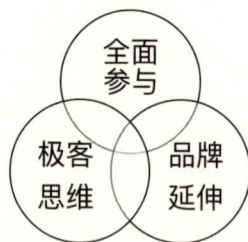

图 3.7-2　创意策划活动的角度

2. 极客思维

"极客"本是技术领域的专属词，但在互联网时代，极客的内涵也被拓展至"智力超群"和"努力"的语义。很多用户十分热衷那些让人觉得很厉害的事物。因此，你也可以由此出发，在活动中融入科技和时尚元素，激发用户的探索和创造欲望。

3. 品牌延伸

任何事物如果不断重复，都会失去吸引力。因此，在创意活动的策划中，你可以分阶段地对品牌进行延伸。

具体而言，你可以选择从产品到服务、再到平台的路线。在品牌发展初期，以高性价比的产品吸引用户；在发展到一定规模后，则要将重心转向服务，展现独特的服务文化；最后，将自己打造为一个平台，把用户喜欢的各种产品或服务囊括进来，从而实现无边界的品牌内涵。

3.7.5　分化社群，让粉丝建立"小圈子"

要让社群的运营有序发展，必须控制好每个社群的人数。在社群发展初期，你可以将所有用户聚拢在一个社群中；但随着用户数量、社群规模的不断扩大，你就要有意识地分化社群，让用户建立"小圈子"。

一个社群的最佳人数是 40 人，但你的用户规模肯定不止 40 人，那么你该如何对社群进行分化呢？

掌握合理的分群技巧，以最大化社群运营的效果，如图 3.7-3 所示。

```
                                          ┌─────────────┐
                                     ┌────│  一般用户    │
                                     │    └─────────────┘
                                     │    ┌─────────────┐
                          ┌──────────┤────│  活跃用户    │
                          │  用户分级 │    └─────────────┘
                          │          │    ┌─────────────┐
                          └──────────┤────│  "斗士"      │
                                     │    └─────────────┘
                                     │    ┌─────────────┐
                                     └────│  团长        │
                                          └─────────────┘
                                          ┌─────────────────────┐
                          ┌──────────┬────│  活跃用户占比          │
      ┌───────────┐       │          │    └─────────────────────┘
      │           │       │  排列组合 │    ┌─────────────────────┐
      │  分群技巧  ├───────┤          └────│  保证社群的质量和氛围  │
      │           │       │               └─────────────────────┘
      └───────────┘       │               ┌─────────────────────┐
                          │          ┌────│  "斗士"自助运营社群    │
                          │  自助运营 │    └─────────────────────┘
                          ├──────────┤    ┌─────────────────────┐
                          │          └────│  团长负责管理          │
                          │               └─────────────────────┘
                          │  ┌─────────────────────┐
                          └──│  鼓励"小圈子"          │
                             └─────────────────────┘
```

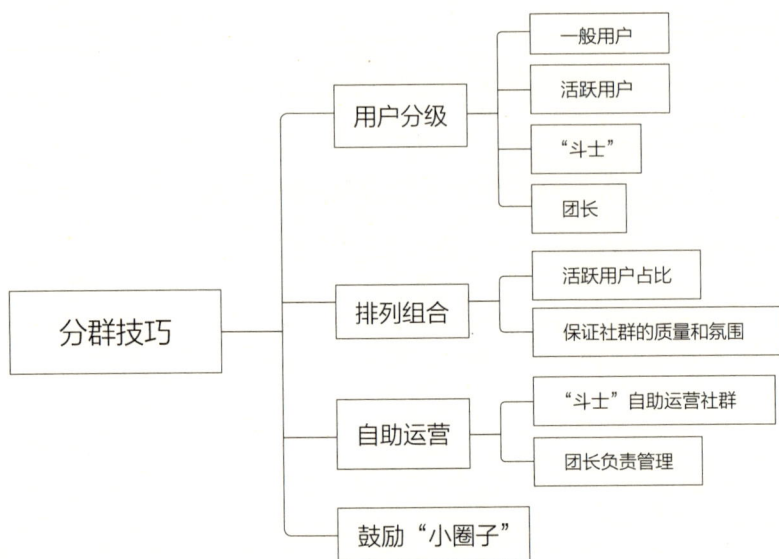

图 3.7-3 合理的分群技巧

1. 用户分级

在分组建群时，你可以首先对用户进行分级，一般的分级策略为：一般用户、活跃用户、"斗士"、团长。

2. 排列组合

针对一般用户、活跃用户、"斗士"、团长，你可以对其进行专门分组，并确定营销方向。需要注意的是，你要维持每个社群中的活跃用户的占比，该比例最好维持在 10% 左右，以保证社群的质量和氛围。

3. 自助运营

当你的精力不足以直接管理每个分群时，你可以将精力集中在团长、"斗士"身上。接着，以相互搭配的原则，让一个团长带两三个"斗士"自助运营社群，团长负责管理，"斗士"负责对内互动和对外扩张。

4. 鼓励"小圈子"

社群运营需要一定的管理，但管理也必然会在一定程度上损害用户的互动体验。尤其是当社群规模较大时，群主或管理者也很难面面俱到。因此，你可以适当鼓励用户建立"小圈子"，在"小圈子"里进一步加深相互之间的社交关系。

3.7.6 社群借势，互换用户

在微信群、QQ 群等社群运营中，同样可以运用"借塘打鱼"的策略。群主的目光不应该局限于自己的社群内部，还应该展望其他社群，通过相互合作，扩大社群效应。

用户的数量是有限的，在社群运营上，每个人都有各自的优势。那么，如何在别人的社群中"借塘打鱼"呢？

1. 联谊活动

为了最大化每次活动的效益，你可以寻找合适的社群举办联谊活动，借此优化用户的社群体验，并丰富社群生活的内涵。

2. 互换用户

社群间的合作运营能够帮助你快速撬动"友群"的用户。作为群主，你需要主动推动"外交"活动，不断寻找适合的"友群"进行合作。

所谓适合的"友群"，就是能够产生信息关联的社群，如游戏群和外设群、美妆群和服饰群等。

在借势社群的过程中，群主的主动洽谈与合作必不可少。在这种合作中，社群运营的效能可以进一步放大，也可以吸引其他社群的用户。但要注意的是，借势社群成功的关键在于你的社群文化。你要营造出一种友好的社群氛围，才能更具吸引力，以免被"打鱼"。

3.7.7 群主的影响力与内容干货持续输出

在社群内部，群主应当具有绝对威信，必须得到每个用户的信任。为此，作为群主，除了拥有独特的领导力、影响力外，还需要持续向用户输出内容干货。

1. 群主的影响力

群主的影响力的内涵基本离不开感染力、亲和力、领导力等要素。那么，你应如何展现和塑造自身的群主的影响力呢？

首先，你要制订宏大的社群远景，并能够对其进行清晰的描述。

其次，你要能够以坚定的信念和强大的自信感染用户的情绪，赢得社群的认可。

然后，你平时的一言一行都必须向用户传达自身的价值观体系，并努力成为用户效仿的榜样，切忌发布与社群文化相悖的言论。

最后，以平等的身份与用户沟通，塑造自身的亲和力；并在有需要时做出自我牺牲，感动用户，如图 3.7-4 所示。

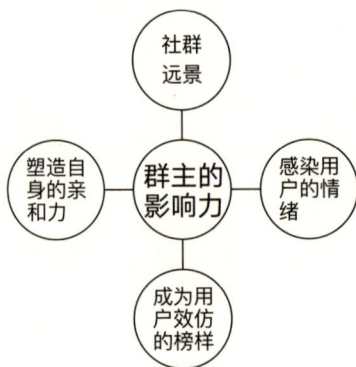

图 3.7-4 塑造和展现群主影响力的方法

2. 内容干货

"家人"的感受并非停留在口头上，在信息大爆炸的今天，用户对于各种"表演"早已看透。因此，你的群主的影响力必须落到实处，而内容干货的持续输出，能够塑造出群主的超然地位。

现实点来看，对用户而言，如果他们能够不断从你这里获得高价值的内容干货，那么，即使你出现疏漏，用户也会睁只眼闭只眼——毕竟，你提供的优质内容是真实的。

第4章

互动为王：以互动联结情感，
　　　以情感变现商业价值

　　无论社群如何变化，互动是第一核心要素。社群运营者要尽可能地调动粉丝的积极性，让粉丝在互动中维系社群热度，满足自身需求，并更紧密、广泛地与粉丝联结。

4.1 以内容为中心的社群如何玩

以互动联结情感时，最直接的方式是让用户获得物质利益，但最能够体现自身价值的仍然是内容。如果只靠红包与用户互动，用户会感到腻烦，也不会真心接受你的营销推广。

以红包为中心的互动可以引发巨量传播，也可以调剂社群关系，但为了体现自身的价值，还必须重视以内容为中心的互动。

美国某知名糖果品牌，曾经针对小"吃货"们发起过"在线与糖果互动对话"活动，非常受欢迎。但随着参与用户的逐渐增多，一些不良言论和恶意内容层出不穷，但品牌却没有做任何过滤。这件事立即引起家长的极大反对，认为该品牌没有原则、容易给孩子带来不良影响。最终，该品牌不得不出面道歉，但仍有一些父母表示，再也不会让孩子们购买该品牌的产品了。

在社群中，你必须以互动联结情感，但如果没有优质内容作为支撑，你的互动不仅无法取得效果，反而会起到负面作用。

该品牌与小"吃货"的互动，不可谓不新奇。然而，在互动过程中，劣质内容却没有受到把控，因此，对话互动不仅没得到用户的喜爱与认可，反而引起了部分用户的抵制。

那么，以内容为中心的互动究竟应该如何玩？

4.1.1 前期策划

在以互动联结情感之前，你就要明确此次互动的目的与目标。如果你的互动是为了销售，那就要明确这一目的，并设定好目标，即销售额达到多少。基于此，再对互动形式进行策划。

精准而完善的前期策划是社群用户互动成功的关键。

在设定好目标之后，策划团队就要以此找到品牌的核心亮点，在展现品牌文化和形象的同时，迎合社群用户的喜好和需求。

为了检验前期策划的可行性，你也可以在社群中先举办"限制版内测"，邀请部分忠实用户先行体验。这样一来，"内测"本身也能被打造为一种互动模式，在赋予社群神秘感的同时，激励用户成为铁杆粉丝，如图 4.1-1 所示。

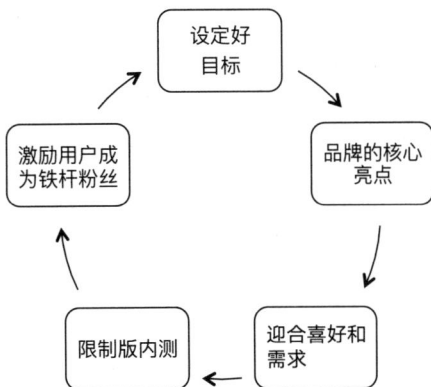

图 4.1-1　前期策划步骤

4.1.2　中期运营

确定了社群的互动模式之后，就要确认所有用户都可以体验到。所谓互动并非单向传播，而是双向交流。因此，当你想要以互动联结情感时，就要确保所有用户都能够参与进来。与此同时，你也要注重对内容的把控，以免用户的创作失控。

1. 全员互动

在内容互动的中期运营中，你要激励更多的用户参与内容的创作，并为用户创造参与的条件。

美国某知名糖果品牌在推出"在线与糖果互动对话"活动时，正是考虑到"吃货"的独特属性——孩子，而将互动时间安排在节假日，以免耽误孩子的学习和休息时间。同时，所有孩子与"糖果"的对话都是公开的。这就意味着，孩子们可以将"糖果"作为媒介，与其他孩子一起交流。

在社群互动时，设定好相应的激励机制之后，你必须明确互动的参与条件和互动时间。

比如，在"大群"中允许自由交流，但互动时间只能在 9:00～21:00，以免影响其他用户的正常休息。在某些特殊的互动模式中，比如"培训时间"，则要设置互动权限，只有在"中场休息"或"嘉宾互动"时间，群友才能参与互动，以免影响培训的效果。

2. 内容把控

以内容为中心的互动必然需要用户集体参与创作。但在这种集体创作中也不可避免地会出现失控。正如在"在线与糖果互动对话"中出现不良内容和恶意言论一样，这样的失控对社群互动而言，很可能会造成灾难性的后果。

因此，在以内容为中心的互动中，你必须实时把控内容质量，对优质内容增强互动，对不良内容及时处理，对不良内容发布者也应进行相应的处罚。

为了让内容互动有序进行，在社群运营之初，就应该明确群规，而在内容互动活动推出前，也应制定相应的活动规则，如图 4.1-2 所示。

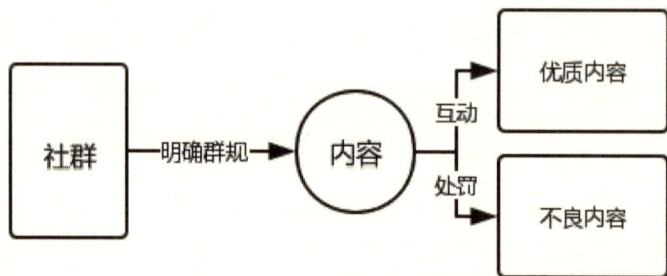

图 4.1-2　社群内容要严格把控

4.1.3　实时调整

在移动社交时代，市场瞬息万变，在以内容为中心的互动中，你也要对其进行实时调整。

1. 节奏调整

在内容互动中很容易出现"刷屏"的情况。此时，可能只是倒杯水的工夫就已经完全跟不上节奏了。有时，全员互动也会逐渐演变为"小圈子"的互动，让其他用户无法参与。

此时，你就要对互动节奏进行调整。最简单的方法就是来一波"红包雨"，打乱原来的互动节奏，对失控的节奏进行"重启"。

2. 模式调整

在社群运营的过程中，你可能会开发出某种极为成功的互动模式并将之作为常态。然而，社群运营并非一成不变，即使是内容互动，也要根据用户反馈对模式进行调整，以更加新奇的模式激发用户的创作灵感。

具体而言，你可以对每次内容互动的参与度、活跃度和贡献度进行考量，经综合分析发现下滑趋势之后，就要组织一次调研和调整。

4.2　以情感为中心的社群如何玩

社群经济模式的商业价值以用户的信任和忠诚度为基础，具有社交、传媒、商业三重属性。而社群商业价值的变现也正是在这三重属性中层层递进的：只有当社群与用户在交流互动的基础上实现互信，信息才能得到有效传播乃至辐射传播，消费基础也由此奠定，社群品牌自然可以借此获得溢价收益。

与传统商业模式相比，社群经济最大的特点就在于：在社群中，每个用户都是有情感、有温度、会互动的人。如果你仍然使用硬广告粗暴刷屏，那与传统商业模式又有何区别？对一个失去了情感联结的社群而言，你的优势又在哪里？

只有以互动联结情感，社群的商业价值才能由此变现。

4.2.1　社群互动中，情感比利益更重要

社群经济的商业逻辑是：只有更加强烈的情感联结才能让你获得用户的信任，进而变现商业价值。商业价值当然是最终目的，但切忌因此破坏社群与用户的情感联结。

2015 年 5 月，一篇名为《带不走，所以卖掉我的 1741 本书》的文章红遍朋友圈，而这篇文章的作者康夏——一个 26 岁的年轻人，用自己的微信公众号吸引了众多用户。事件的经过是这样的：作为一位爱书青年，康夏决定在出国前将心爱的书籍放在微信上销售。购书者转账 60 元，可以获得 3 本以上随机邮寄的书；转账 99 元，则可以收到 7 本以上随机邮寄的书。他在微信中写道："我的好朋友告诉我，读过的书，放在书架上之后就会死亡，成为一具尸体；只有它被下一个人再一次读到的时候，才可能重新焕发生命。"

可能是这些话打动了用户，也可能是大家被这种售书形式吸引，在康夏发文的 10 分钟后，朋友圈就被这篇文章刷屏。24 小时内，康夏获得了 7000 名用户转来的 77.8 万元购书款。

在商业价值的快速变现中，康夏没有忘记初衷，他立刻发布文章《紧急通知：如果你是我的 1741 本书的买主》和《关于 1741 本书，你应该知道的一切》两篇文章，并在与支付宝客服协商后，暂时关闭了收款通道，以免卖书活动变味。对此他笑称：惊吓远大于愉快和开心。

康夏十分明白，自己运营微信公众号，固然是为了借此获得一定的商业价值，但初衷却是为了将志趣相投的人聚集在一起，大家共同交流读书心得。在维护微信公众号时，康夏甚至别出心裁地采用"对话框"的形式，以类似小窗聊天的方式，通过这种亲密的沟通拉近与用户的距离。

对此，康夏也说道："公众号的 6000 多个用户对我来说十分重要，他们一直没有取消关注，也是因为熟悉了我的文字，习惯了我的风格。"

以互动联结情感其实并不困难，关键在于，作为社群的运营者，你首先要正视情感。只有切实融入情感，才能让用户感受到你的温度。在精心维护之后，也

不要因为一次商业活动就让社群关系变味，那样无异于涸泽而渔。

4.2.2　情感联结中，获得用户的信任

社群经济模式成功的重要基础就是你与用户之间的情感联结。没有这种联结，你与其他刷屏做广告的微商就没有什么区别。那么，如何才能获得用户的信任，提高用户的消费热情呢？

1. 做个独特的人

在让用户感受到你的温度之前，你首先要成为一个独特的人。切勿跟风做社群，因为这会让你失去自身的独特性，而无法在用户心中形成特别的形象。要做个独特的人，最好的方法就是谨记自身的社群定位，不断强化自身的品牌属性，如图 4.2-1 所示。

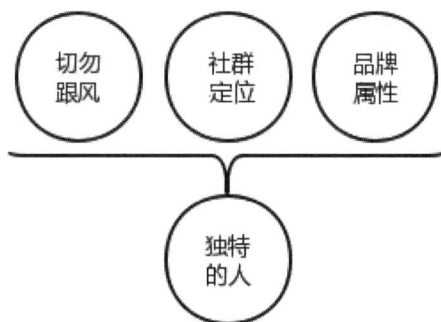

图 4.2-1　做个独特的人

正如康夏运营公众号时一直抓准阅读社群的主题，即使偶尔会"偏题"，但从不会本末倒置。

2. 做个有温度的人

无论是公众号文章、售书活动还是其他互动，康夏都十分注重培养与用户之间的共鸣，不断温暖用户的心灵。康夏的文章并非都是心灵鸡汤，但写得很合用户的胃口，就像一位读者所说："在忙碌的工作后，能够看到康夏的文章，是一种休息。"除此之外，康夏也经常会向用户"约稿"，从而真正实现社群用户零距离交流，最终带来售书活动的成功。

社群互动不是简单的"你说他听"，只有在互相往来中才能形成情感联结。因此，你必须保持与用户的近距离交流，让用户感受到你的温度。

3. 保持群主的魅力

社群的运营核心必然是灵魂式的群主。如果缺少了群主的魅力，社群就会变成一个冷冰冰的存在，既缺乏权威人物，也难以形成凝聚力。

无论怎样，企业在构建社群、运营社群时，首先要做的就是靠近用户，近距离接触用户。靠近用户，企业才能明白用户的需求在哪儿、用户的痛点在哪儿。在与用户近距离接触时，更要懂得不失时机地展现企业的魅力，让用户感受到企业的真诚，彻底地了解和爱上企业的产品。

4.3 以游戏为中心的社群如何玩

在日常社交中，情感的联结除了依靠日常交流之外，还需要各种"小高潮"的推动，各种社交游戏则是这种"小高潮"的最佳载体。

在社群互动中，日常的聊天很难形成强烈的情感联结。毕竟，用户没那么多话题好聊，在虚拟世界也很难让他们真的敞开心扉畅所欲言。因而，你必须要组织各种游戏互动，加速社群的情感联结。

4.3.1 设计社群专属小游戏

2015年8月6日，在首届"中国互联网移动社群大会"上，腾讯QQ联合企鹅智酷发布了《中国移动社群生态报告》。该报告显示：在移动社群生态中，同事朋友类关系群占比超三成，而兴趣群占比高达66.4%；其中，以手机QQ兴趣部落为例，游戏类兴趣部落聚集的用户数和访问量都居于首位，明星类居于第二位。

游戏能够极大地激发用户的参与热情。那么，在社群环境下你该如何定制合适的互动游戏呢？

1. 寻找合适的小游戏

依靠各大社群平台自带的功能，我们就可以在社群内组织各种线上小游戏，如将红包改造为"红包接龙"、抽奖等游戏，或以"掷骰子"为基础的真心话大冒险，或"谁是卧底"小游戏等。

这些简单的小游戏，既方便用户参与，也能够节约运营成本，是社群专属小游戏的合适模板。

2. 有针对性地进行改造定制

社交游戏的形式都很简单，但你不能直接运用到社群中，还需根据社群文化和用户偏好，进行有针对性的改造定制。

比如，在以年轻人为主的社群中，"真心话大冒险"是一种十分适合的游戏形式。在"小群"中，"掷骰子"的方式十分便利，但在"大群"中该如何运作呢？你可以规定：接下来发布"真心话大冒险"红包，抢红包的用户默认参加游戏，手气最佳者有权要求手气最差者参加游戏。这样一来，既融入了抢红包的乐趣，也可以让未抢到红包的用户做"围观群众"。

4.3.2 开发自有 H5 游戏

在玩转游戏互动时，如果想玩出更"高端"的模式，你可以直接开发出专属的 H5 游戏，以更加丰富的游戏体验与用户实现情感联结。

所谓 H5，其实就是一系列制作网页互动效果的技术集合。H5 游戏可以看作是移动端的 Web 游戏，用户无须下载游戏客户端就可以参与体验，这就是 H5 在传播上的优势。

开发 H5 游戏门槛很低，你甚至可以像写网页一样写游戏。即使你是门外汉，也可以找到大量的文档、插件和模板。

基于技术资源，H5 游戏有两种开发方式。

（1）原生开发。如果你有足够的技术力量，可以尝试自己编写 H5 代码，或使用第三方引擎进行开发，如国内常见的白鹭、Cocos2d-Js 等引擎。

（2）第三方工具。借助网上各种 H5 开发工具，即使是零基础，你也能实现 H5 游戏的生成与定制。

较简单的方法是直接套用平台已有的模板，替换模板中的音乐、美术等素材，即可生成游戏。此类平台有"24 好玩""极点互动""微播盈趣""凡科互动"等。

另外，你也可以使用较高级的 H5 互动编辑器进行简单的编辑开发，如 Maka、Construct 等。

以游戏为中心的互动关键不在于游戏的形式，即使再简单的游戏，朋友在一起玩也会感到有趣。因此，不要将重心放在游戏的选择上，而应站在社群文化和用户偏好的角度对社群游戏进行定制，让更多的用户能够参与和享受。

4.4　以人际关系为中心的社群如何玩

社群成功的一个关键标志就是高人气，即社群用户的数量多和社群规模大。为了推动人气的积攒进程，以人际关系为中心的互动则能够让用户的人际关系变成社群的人际关系，让社群的商业价值迅速提升。

4.4.1　身份认同是人际关系的核心

当你想要玩转以人际关系为中心的互动时，你首先要明白，人际关系的核心就是身份认同：只有当他人满足你的身份认同时，其才愿意加入你的人际网络。那么，在以人际关系为中心的互动中，你该如何发挥身份认同的作用呢？

1. 正式的入群仪式

想让用户获得身份认同，要从其进入社群的第一时间就开始着手。因此，虽然不用设定多高的入群门槛，却要设定一个正式的入群仪式，让用户感受到社群的品牌文化。

伏牛堂可以说是全国很好的米粉店，它之所以这么火，是因为其背后有一个叫作"霸蛮社"的社群。这个社群的主题就是"在京湖南年轻人的生活社区"。

对于这个社群的用户而言，伏牛堂的米粉融入了最浓厚的家乡气息。其实，这种家乡气息并非源自一碗米粉，而是源自霸蛮社的社群互动。

霸蛮社最突出的一个特点就是：任何用户加入社群都要举行一个较为复杂的仪式，并经过一系列的考核；群主会和每个入群的用户聊天，通过了解其真实情况以及对社群文化的认可度，判断用户是否具有"入群资格"。

正是这样的入群仪式让用户感受到霸蛮社强烈的"家乡文化"，从而对社群和其他用户都能产生相应的身份认同。

2. 激发羊群效应

羊群是一种很散乱的组织，平时它们在一起也是盲目地左冲右撞。但一旦有一只头羊动起来，其他羊也会不假思索地一哄而上，全然不顾前面有何状况。这就是羊群效应。

当社群需要将松散的用户聚拢在一起时，你也要学会激发羊群效应。

每个人的身份认同都会有所区别，但你可以对其身份认同进行改造。在实际操作中，对于每个入群的用户，你都要借助已有的社群文化，将新用户融入其中，让其身份认同偏向于社群文化。

4.4.2 人际关系互动要注重层次感

正如每个人的人际关系圈都有亲疏远近之别一样，在社群的人际关系互动中，你也要注重产生层次感。

1. 抓住原点、拐点和爆点

社群的人际关系互动要遵循由原点到拐点再到爆点的发展脉络，如图 4.4-1 所示。

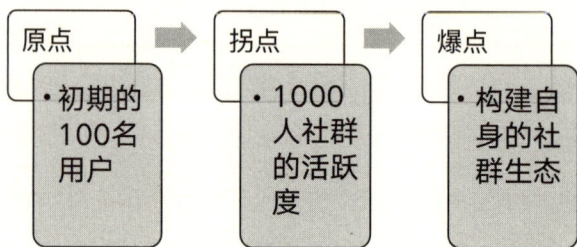

图 4.4-1　抓住原点、拐点和爆点

原点：社群组建初期的 100 名用户就是你的原点。你要用情怀和极致的体验留住他们，形成社群文化的雏形，并激励他们维护社群文化、吸引其他用户加入。

拐点：当你的社群规模达到 1 000 人时，你要加入更多的参与、互动和分享模式，保持 1 000 人社群的活跃度，使得用户都能在社群中建立新的人际关系。

爆点：当社群规模达到 10 000 人时，传统的组织管理方法已经不再适用，你要构建自身的社群生态，引导用户进行圈层互动。此时，你可能要舍弃掉一些社群用户，因为他们可能并不属于你的社群。在划分人际关系圈层之后，社群就会实现自主发展。

2. 人际关系互动的着力点

在打造人际关系圈层时，你要做好引导工作，让每一个新进入的用户基本认同社群文化，在此基础上与其他用户进行交流互动，并主动维护社群文化……在循环往复中，借助统一的身份认同，实现整个社群情感的有效联结。

此时，你就要明确人际关系互动的三大着力点。

首先是仪式感。通过入群考核、自我介绍、"爆照"等形式，增强入群的仪式感，让社群"不随便"。

其次是参与感。借助签到、积分、讨论、分享等形式，激励用户参与到社群互动中，在不断的参与中形成归属感，让每个用户都成为社群情感联结的节点。

最后是组织感。社群的意义在于将松散的用户聚拢在一起，因此，社群必须通过定义规则以及激励互助、众利等方式，给"散户"无法体验的组织感，让其感受到"组织的关怀"。

以人际关系为中心的互动，正如每个人的人际关系形成一样，在不断地培养、调整、打造"圈层"中，最终形成较为稳固的人际关系，并通过已有的人际关系建立新的人际关系。因此，在社群的人际关系互动中，你必须照顾好每个用户的感受，在双向认同中融入他们的人际关系圈中，将他们的人际关系圈纳入你的辐射圈内。

第 5 章

活动定位：
高质量活动才能沉淀用户

社群运营，活动为王。如果只是单纯的聊天，粉丝无法深入接触和互相了解。而要打造社群活动，不能采用简单的方式如聚会等。社群活动要有事先策划，要借助明星之力，要传播正能量，要有更丰富的形式。

5.1 如何策划线上线下融合的社群活动

社群活动是社群营销和运营的重要组成部分，只有在一次次活动中，你才能调动用户的参与热情，让用户在高参与、强互动中体验社群文化，并乐在其中。

只有热衷于社群活动的用户才能为你带来最大的效益，也只有这些用户才能在不断沉淀中成为你的忠实用户。

除此之外，你还要明白：很多用户不是不想参加活动，而是你的活动无法激发他们参与的欲望。那么，你究竟该如何策划线上线下融合的社群活动呢？

5.1.1 精准定位用户，确定活动主题

任何社群活动都有主题，如周年庆、社群节、特卖会等。只有确定了活动主题，才能由此展开活动策划，吸引用户参与进来。

那么，要如何确定活动主题呢？答案只有一个：精准定位用户需求，定制主题活动。

1. 明确用户的空闲时间

在确定活动之前，你首先要明确用户的空闲时间，包括具体日期、具体时间段等，再进行设计。

2. 分析用户的消费时机

大多数社群的变现都源自销售。那么，用户什么时候最容易产生购买行为呢？你要对此进行调研分析。

比如，对手机、笔记本电脑等数码产品而言，每年的开学季是最好的销售时

机；而对于电竞产品而言，每年的寒暑假则是营销的好机会。

3. 抓住用户的最大需求

确定了消费时机和空闲时间后，就要明确以下几个方面：在该时点，用户的最大需求是什么？是产品升级换代还是服务优化？是休闲娱乐还是兴趣爱好？根据用户的需求，确定活动的主题，如图5.1-1所示。

在某一时间节点，同属性的用户需求会出现趋同。此时，你的活动自然更具参与性。因此，在确定活动主题时，

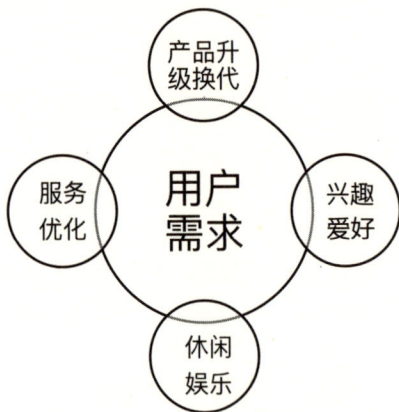

图 5.1-1　如何抓住用户的最大需求

你可以以时间、需求两大属性精准定位用户，为其定制活动主题。

5.1.2　新奇创意

千篇一律的社群活动难以刺激用户的参与欲望。只有凭借新奇的创意才能让用户为之尖叫。

1. 创意方案

在制订创意方案时，你只需简单明了地展现出你的创意即可。根据活动主题，一个活动的创意方案中应当有 2 ～ 3 个创意可供选择。

创意方案必须阐明两点，如图5.1-2所示。

其一，创意来源，也就是活动的灵感，最好能够结合时事热点。

其二，基本内容，具体包括时间、平台、方式等。

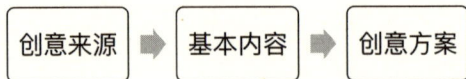

创意来源 ➡ 基本内容 ➡ 创意方案

图 5.1-2　创意方案的做法

2. 激发灵感

在明确创意方案的制作要点之后，就可以根据活动主题有针对性地激发自身的灵感。在不同的平台、不同的时间，会出现不同的时事热点，你需要综合考量。

比如，"网红节"是个热点，但该热点只适合于微博，因为"网红"节的主办平台正是微博。如此一来，你就可以根据微博、"网红节"等关键词来激发灵感。

灵感可遇不可求，不妨去寻找各大平台的热点事件，在对热点事件进行剖析之后，判断创造新奇的可能性。如果感觉可能性较大，则可以深入探索，最终"求"得灵感。

5.1.3 融入参与感，增强互动性

只有在用户的高度参与中，社群活动才能成功，也只有当用户不断参与社群活动时，你才能让用户在社群互动中真正沉淀下来，成为你的忠实用户。

那么，具体要如何去做呢？增强互动性的关键措施如图 5.1-3 所示。

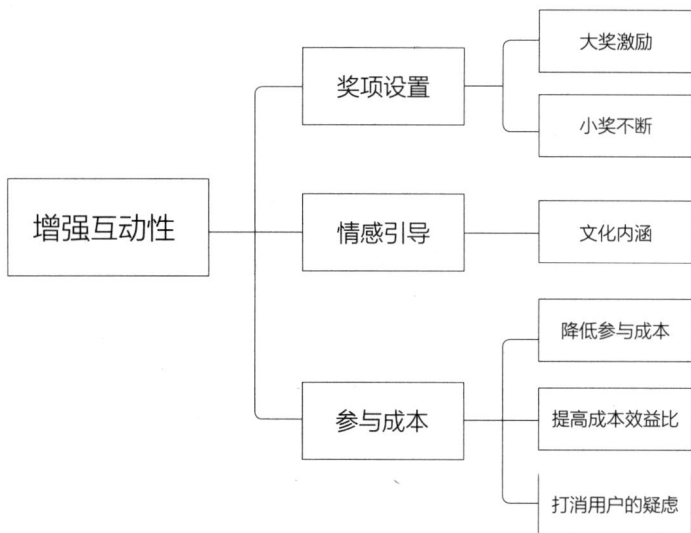

图 5.1-3 增强互动性的关键措施

1. 奖项设置

社群活动想要激发用户的参与欲望，首先要从物质奖励入手。但社群活动的奖项应如何设置呢？最重要的原则就是"大奖激励，小奖不断"：用大奖作为一个目标，每隔一段时间发出小奖；通过持续发奖，维持用户的参与热情。

2. 情感引导

在设计活动主题时，应当为其融入一定的文化内涵。如此一来，在活动推广时，你就可以借助情感引导用户参与。

比如，在微博上推广活动时，你可以直接发布："＃这个圣诞你怎么过呢＃圣诞来临之际，烛光晚餐、两张电影票、一束玫瑰，让你和他（她）度过一个浪漫圣诞夜"。

3. 参与成本

为了让用户都能够参与到活动中，你就要考虑到社群活动的参与成本。用户参与每个活动，都要付出时间、精力成本，你要尽量降低参与成本，并提高成本效益比，从而打消用户的疑虑，让其参与到活动中来。

5.1.4　搭建良好运转的社群运营团队

社群活动的策划、组织需要持续运营，才能发挥良效。因此，在策划社群活动时，你需要搭建良好运转的社群运营团队。

针对社群活动线上、线下的双重属性，你需要在社群运营团队中成立两个独立的工作小组。社群运营团队的组建并非难事，但在团队的运转中，你必须记住：线上活动以持续为主，线下活动则要让人被打动，两者之间适时互动，协调运转。

5.1.5　保持开放利他的社群属性

"一人计短，二人计长"，若没有强大的社群活动策划能力，你不妨保持开放利他的社群属性，与"友群"合作举办社群活动，在"社群大联欢"中引爆社群用户的参与热情。

1. 社群开放

很多群主在运营社群时，一方面希望能够在别人的社群中"借塘打鱼"，另一方面又怕别的群主来抢夺自己的"囊中之物"。他们希望打造出专属自己的封闭社群，殊不知，闭门造车其实效果很差。

在策划社群活动时，你可以保持社群开放，与友群合作展开活动。何为友群？友群需要与你的社群优势互补：如果你做美妆，友群可以是做服饰、箱包的；如果你做电竞外设，友群则可以是做游戏、计算机的。

2. 利他属性

在策划社群活动时，你的着眼点不能局限于利己，而应该更多地专注于利他。那么，你的社群活动要利的究竟是哪个"他"？图 5.1-4 所示的三个群体是你应该关注的重点。

首先，毫无疑问应当关注的是社群用户。无论是在精神还是物质方面，社群活动只有让用户获利，用户才会参与，才会沉淀。

其次，则是你的友群。友群关系的维护能够为你带来意想不到的收益，你可以去友群"借塘打鱼"，也可以让友群帮你"犒劳"本社群粉丝。

最后，还有你的出资人。很多社群在打造自身品牌时，也会承接其他品牌的广告推广。因此，在策划社群活动时，你也不能忘了出资人。

图 5.1-4 保持利他性

社群活动的内涵极为丰富，精准的定位、新奇的创意、用户的参与和互动等都需要一个良好运转的社群运营团队作为支撑。当你感到力有未逮时，不妨考虑保持开放利他的社群属性，在用户、友群、出资人的助力下，以高质量的活动沉淀社群忠实用户。

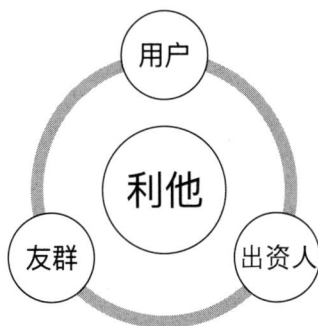

5.2　活动营销信息植入策略

广告向来是企业营销的重要手段，然而，当硬广越发让用户产生反感时，以用户体验为重的社群也要改变营销策略。社群活动是营销信息植入的重要载体。

一个高质量的社群活动能够引发用户的广泛关注和热情参与。这对于营销信息的推广而言至关重要。那么，你又该如何在活动中植入营销信息呢？

5.2.1　用户比营销更重要

在探讨如何将营销信息植入到活动中之前，你必须明白，只有高质量的活动，才能让用户在参与和互动中沉淀；只有沉淀下来的忠实用户才能为社群带来惊人的效益。而活动中植入的营销信息只是激发这种效益的一种策略。

因此，在活动营销信息植入策略中，你一定要牢牢把握底线，以用户的体验为先，切忌本末倒置。

1. 用户坚定又脆弱

经过初期发展，用户对社群都有了很强的认同感，他们会坚定地支持社群发展，甚至会迸发出忠实用户、"斗士"等社群中坚力量。然而，你不要因此就天真地以为"一日入群，终身在群"。事实上，正是因为用户的这种认可和信赖，一旦受到伤害，他们就会选择离开。而大规模的"退群"则是社群最重大的危机。

因此，在将营销信息植入活动之前，你要先调查用户的需求，通过分析他们浏览品牌信息、参与社群推广的频率，明确用户对产品、品牌的关注度，以及对营销信息的接受度，然后再有针对性地进行消息推送，如图 5.2-1 所示。

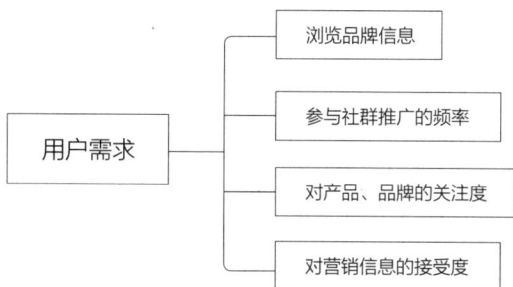

图 5.2-1　调查用户需求

2. 营销推广要趁早

当你认为用户可以接受你的营销推广时，一定要趁早植入。每个产品的发布都有其固定的日期，且要在此之前开始进行营销造势。在这样的造势之前，你还要进行一波社群内部的造势活动。

社群用户作为你的支持者，有理由成为新品的第一知情人。如果用户只能从公开渠道收到你的新品消息，则会极大地伤害他们的感情。

越是临近产品上市，你的营销信息越有推销产品之嫌，不妨早一点将产品信息推送到社群，让用户感受到特殊待遇，增强他们的归属感。

5.2.2　将营销植入社群活动

在活动营销信息的植入策略中，究竟如何植入营销信息，才能让用户不仅不反感，反而热情地参与其中呢？

1. 内容植入

在社交网络创造的自媒体时代，流传着大量的"段子"。这些或搞笑或励志的段子有着极为广泛的流传度。你可以将营销信息植入到这些段子中，与活动相结合，从而弱化这些营销内容的广告色彩。

切记，在内容植入中，内容的主要目仍然在于突出活动主题、愉悦用户，广告只是附属，切勿为了广告而广告。

2016 年，搜狗号码通 4.0 发布之际，微博上曾经盛传着这样一个三段式段子。首先，是一段文字："接到一个电话，告诉我中奖了，我说你是骗子，挂掉了电话。"之后，则是一张短信截图，骗子问"你怎么知道我是骗子"，回答是"你的号码被标记了"。最后，又是一张短信截图，骗子问"是系统标记还是搜狗标记"，回答是"无可奉告"。如此一来，搜狗号码通的标记功能就被融入了段子之中。

2. 微电影植入

在植入式营销中，影视植入十分盛行。影视作品表现生活的属性，决定了它可以包容各种植入式广告。

《变形金刚》是全球最卖座的电影系列之一，而在《变形金刚 3》中植入了大量国产广告，包括美特斯·邦威 MTEE 系列 T 恤、伊利舒化奶、TCL 的 3D 电视和联想 ThinkPad 笔记本。而其中最容易被观众记住的，则是一闪而过的"Lenovo"，变形成小机器人的联想计算机。

受限于资源，社群可能无法将营销信息植入到商业大片中，却可以拍摄自己的微电影，不露痕迹地植入营销信息。因此，你可以策划社群微电影活动，直接招募用户当编剧或参演，在策划、举办活动的同时植入营销信息。

3. 游戏植入

对于某些特殊产品，游戏植入同样是一种有效地植入式营销方法。游戏植入分为两种方式：一种是社交游戏的植入；另一种是娱乐游戏的植入。

所谓社交游戏，就是社群内部组织的各种线上游戏或线下桌游等。此时，你可以直接以"××杯"命名社群游戏活动，也可以将营销信息植入到道具中。比如印有品牌 LOGO 的 T 恤或带有产品图案的纸牌等。

而娱乐游戏则是指网游、页游、手游这些"标准"的游戏产品。在将营销信息植入娱乐游戏时，你要找到属性相匹配的游戏产品。比如"英雄联盟"中以 Intel 命名的道具，或"抢车位"游戏中的各种汽车品牌。

5.2.3 让营销成为社群粉丝活动

将营销信息植入活动中时，也可以从另外一个角度考虑——直接将营销打造为社群活动，从而进一步提升营销效果。

1. 把推送打造为 VIP 待遇

很多人认为，向用户推送广告是一件很为难的事情，因为既要做营销推广，又要考虑用户体验。但如果能改变思路，让用户觉得收到广告是一种 VIP 待遇，结果就会大不一样。

在 Windows 10 的推广过程中，微软推出了 Windows 预览计划，只有参与计划的人，才能接收到微软推送的测试版 Windows 10 系统和最新信息。测试版系统的不稳定性和推广信息的打扰本来是用户负担，但在该计划下，用户却感受到 VIP 的特殊待遇，心甘情愿成为 Windows 10 系统的"小白鼠"。

2. 主动征求用户的意见

让社群忠实用户参与到产品研发、设计过程中，不仅让其第一时间了解新产品信息，更能从他们身上获取有效建议，可谓一举两得。

目前，不少公司在新产品构思阶段就开始向用户要创意，这种举措往往能收到很好的效果。在这个过程中，用户会关注产品研发的每一个阶段。随着上市时间的临近，他们购买的欲望也会越发强烈。

对于社群用户而言，这种提供建议的过程就像是一种 DIY，他们因此也会更加珍惜与社群"共同开发"的产品。

5.3 借势推广，善借明星之力

明星是粉丝经济模式最初的受益者，如今，最能"吸粉"的仍然是明星。打开微博"人气榜"，你会看到排名前十位无一不是演艺明星。

高达千万的粉丝量级，对一般社群而言是难以企及的高度。但在明星群体中，却很常见。有鉴于此，社群想要提升活动的影响力，不妨考虑借势推广，以明星之力带动社群的飞跃。

5.3.1 请明星代言，不如借明星之力

娱乐明星代言商业产品，早已成为一种成熟的商业模式。明星代言的商业模式几乎已经固化，不外乎"轰炸式"的广告、为发布会站台等。可是，在高昂的成本下，这种模式还能发挥多大作用呢？

在移动社交时代，这种生硬的代言模式早已不能满足用户的需求；尤其是在社群经济中，高高在上的明星代言，也无法让你拉近与用户之间的距离。

那么，明星代言模式要如何融入社群经济呢？

最好的方法就是让代言明星加入社群当中，与用户坐在一起进行交流。然而，稍加思索，你就会发现这种方式的可行性极低，操作起来比较困难。

那么，你要如何在社群活动中发挥明星的力量呢？很简单，只要借势推广即可。

5.3.2 借势推广"快、准、狠"

在社群经济下，与其使用明星代言，和明星一起"站在天上"，不如借明星之力，"坐在地上"和明星粉丝一起看星星。

明星的力量谁都想借，"免费的午餐"谁都想吃，然而，究竟如何才能免费借明星的力量，将其融入社群活动中呢？简单归纳为 3 个字——快、准、狠，如图 5.3-1 所示。

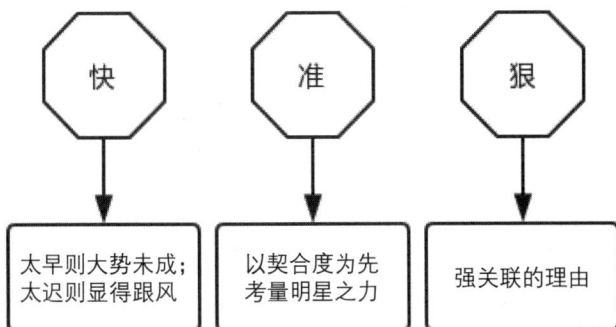

图 5.3-1　免费借明星的力量

1. 出手要"快"

借势推广想要做好，出手一定要快。但这里的"快"并非只论速度，而是要把握好时机：太早则大势未成，力量较小；太迟则显得跟风，失去效果。

当你发现有爆发潜力的娱乐新闻时，要先做好相应的文案或活动策划。当一切准备妥当，你就可以耐心等候，一旦该话题热度达到某个阈值，你就要第一时间发布，快速借势明星之力。

2. 话题要"准"

娱乐圈最不缺少的就是话题，如果每个热点话题你都要跟的话，无疑会"疲于奔命"。因此，在选择热点话题时，你一定要准确把握住关键。所谓关键其实就是契合度和传播性。

在选择话题时，你要以契合度为先，选择与品牌主题最匹配的话题，方便你的借势；与此同时，你还要考量明星之力能够为你带来什么级别的传播。

3. 关联要"狠"

在移动社交时代，借明星之力并不难，但并非每个明星都能与社群匹配，也并非所有明星事件都适合借势。所谓关联产生价值，只有当你拥有一个强关联的理由时，你才能将之作为借势的切入点。

明星是粉丝经济模式的最大受益者，但在社群经济中，即使是明星，也不得不受限于自身角色。因此，相比请明星代言，社群不如学习借明星之力。当然，借势也有相应技巧，切勿演变成炒作甚至侵权。

5.4　保持社群活动的正能量传播

在如今的社交领域，正能量是出镜率颇高的词汇，每个人都需要正能量。

正能量之所以偶尔被"嘲讽"，是因为很多人打着"传播正能量"的口号，其内核却毫无正能量可言，只是一种营销而已。

因此，在沉淀精准用户时，你一定要切实保持活动的正能量传播，以正能量激励用户积极参与，切忌把"正能量"玩成被用户"吐槽"的对象。

5.4.1　正能量的神奇作用

正能量本是一个物理学名词，但在英国心理学家理查德·怀斯曼的著作《正能量》中，他将人体比作一个能量场，通过激发内在潜能，可以使人表现出更加积极、健康、奋进的自我，这被称为"正能量"。

2008 年，朗达·拜恩的《秘密》引入我国。这本"史上最畅销的心灵励志书"讲述的就是正能量的神奇作用。每个人都想要幸福、快乐、健康以及更多的金钱和更和谐的人际关系，如何获得？很简单，只要你真的想要。

将《正能量》与《秘密》结合来看，如果你想自己的人生更具正能量，那你就要从内心深处真正渴望正能量的生活。那么，当你将这种渴望融入社群活动中，又会怎样呢？

你想要用户积极地参与到社群活动中，成为社群的一员，并通过健康的社群文化推动用户真正为社群的发展而奋斗，那么，你就要从自身、从社群文化、从社群活动等角度，切实地将正能量融入其中。

那么，如何让正能量发挥作用呢？

在论述之前，我们先来看看斯坦福大学的一场心理干预实验。

20 世纪 90 年代，斯坦福大学开展了一场心理干预实验。该实验也成为心理学发展的重要依据。

在当时的那场实验中，组织者招募了一群学生参与实验，其心理干预措施十分简单，就是要求学生在寒假中写"日记"。实验将学生分为两组：其一为价值组，要求学生写出他们最认可的价值观，并记录下日常生活中与这些价值观有联系的事情；其二为对照组，只要求学生记录下生活中发生的一些好事即可。

一个寒假过去之后，组织者收集了学生的记录并逐一访谈。结果发现：价值组的学生不仅身体更健康，而且精神状态也更好，在返校之后，他们对自身的能力拥有了更多的自信。

在进一步研究之后，组织者确认：关于价值观的写作也就是价值灌输，能够让人明确生活的意义，更加积极地生活。

自此之后，更多的类似研究接踵而来，结果都证实了：短期内的价值观灌输能够让人感觉更有力量，让人拥有掌控感、自豪感和强大的感觉；长久以后，它对于人们的事业成就、身体健康、人际关系、心理韧性都会有正面影响。

在社群中，我们自然不能让用户每天做记录，但我们可以用活动帮助他们记录，在挖掘出用户最认同的价值观之后，通过社群活动不断强化该价值观，最终实现沉淀精准用户的目的。

5.4.2　精准定位社群专属正能量

正能量只是简单的三个字，但其内涵却并非简单几个词汇就能概括。在现代生活中，身体健康、尊老爱幼、独立思考、德才兼备、脚踏实地、爱国主义等都是正能量。

然而，你的社群活动不可能囊括所有的内涵。因此，在保持活动的正能量传播之前，你首先要精准定位社群的专属正能量。

1.具备普适性和激励性

对于社群经济而言，你的社群正能量无须过于高尚、遥不可及，那样将难以落地。因此，在定位社群正能量时，你要注重普适性和激励性。

所谓普适性，就是指你的正能量内涵适用于所有用户，且符合"普世价值"。比如，你运营的是一个运动社群，那么，身体健康就是一个具备普适性的正能量内涵。

除了普适性之外，正能量还需具备激励性，如奋发向上、努力拼搏、自强不息的内容等。因为只有如此，你才能依靠正能量激励用户积极参与。因此，如果运动社群的专属正能量是身体健康，那么，你就要将之解释为不断追求更加健康的身体和生活，具体内容如图5.4-1所示。

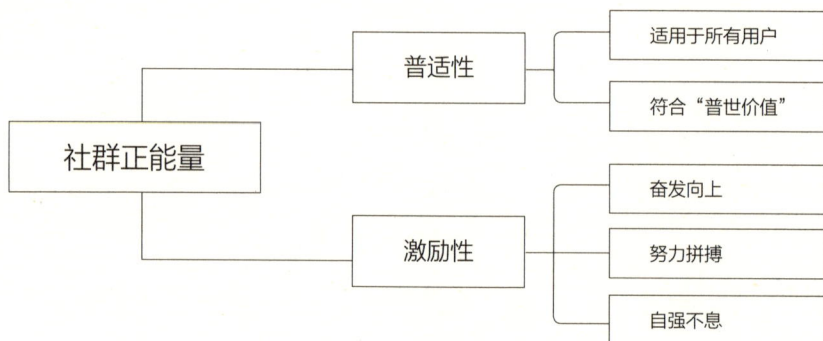

图5.4-1　社群正能量要具备普适性和激励性

2.与社群文化相融合

你的社群有着自身的文化主题，你必须将正能量与之融为一体，从而在相互促进中，让精准用户沉淀下来。事实上，正能量与社群文化的融合十分简单，你只需找出社群关键词，并进行一定的改造即可。

对于一个电竞社群而言，该如何在社群文化中融入正能量呢？电竞并非简单的游戏，而是电子竞技。所谓竞技，自然应该体现竞技精神——团队合作、坚持不懈、友谊第一。基于这样的竞技精神，你也就找到了你的社群专属正能量——团结、和谐、奋进。

5.4.3　社群活动传播正能量

当你精准定位到社群专属正能量时，你就可以开始借鉴斯坦福大学的心理干预实验，对社群用户进行"心理干预"。这里当然不是让用户去做"正能量日记"，而是用社群活动帮助用户产生"正能量记忆"。

具体要如何去做呢？

1. 明确禁止"负能量"

在传播正能量之前，你首先要在社群中明确禁止"负能量"，以免损坏社群的正能量氛围。

在社群中，很多用户喜欢打擦边球，比如发布一些低俗、暴力的内容。这些内容确实能够吸引部分用户，但却会严重损害社群的文化氛围。对此，你应该明确禁止。

如何禁止？

简单一句话："再次声明，本群严格禁止发布低俗、暴力文字、图片，严格禁止发表反动言论……违者，直接移出群。"

2. 活动正面且温暖

真正能够打动人心的社群活动一定是温馨且带有正能量的。在社群活动的每一个环节，你都要保持正面形象，并尽力给予用户温暖如家的感觉。切忌为了追求所谓的曝光或吸引眼球，而采用违背"普世价值"的活动方式。

在活动中，你也要努力为用户带来正面的价值，简单点说——让用户感觉到真正的快乐。

想要做到这一点，你就必须从自身对正能量的认可开始。如果正能量在你心中只是一个营销噱头，那么你就很容易在社群活动中"跑偏"。比如借着"幽默搞笑"的名义调侃弱势群体或革命先烈；打着"身体健康"的口号推销保健品。这些都是应该被摒弃的。

第 6 章

善于做"人"：
让用户触摸到社群的个性

社群并不是一个冰冷的组织，它需要展现亲和力，展现社群群主的魅力，展现社群丰富的内容。

6.1　明星的社群为什么特别火

明星的企业与明星本身相比，谁的社群更火？你会不假思索地回答："明星本身！"

那么，明星企业与明星企业的经营者相比，谁的社群更火？

事实上，答案同样是后者。

打开微博，搜索马云的微博 @ 乡村教师代言人，你会发现其粉丝量超过 2 000 万；相比而言，即使是将 @ 淘宝和 @ 淘宝手机软件官方站量叠加，也不足 1 000 万，马云的粉丝数量高达淘宝粉丝量的两倍！

进入线下，马云的每次演讲或见面会无须宣传，也会人满为患，甚至有人愿意花大价钱只为与马云吃一顿午餐；相比而言，淘宝的每次线下活动都需要采用各种营销手段积累人气。

在日常生活中，我们都会有这样的感受：对于马云这个传奇企业家，人们都有浓厚的兴趣；但对其创建的淘宝，大家却能够保持平常心——毕竟，淘宝只是一个购物平台而已。

早在几年前，在马云还未因阿里巴巴上市而登上中国首富的宝座时，他就已经是当之无愧的明星企业家，甚至很多创业者都将其看作自己的人生导师。

下面是马云的创业经历。

马云 1988 年毕业于杭州师范学院外语系，在之后的 7 年间，一直"安分"地做着外语老师。但 1995 年的一段出国经历，却使他在回国后，创办了中国第一家互联网商业信息发布网站"中国黄页"。

马云也由此走上自己的创业之路：1999年，马云创办阿里巴巴。随后，淘宝、支付宝、天猫、菜鸟网络等平台相继诞生。直到2014年9月19日，阿里巴巴在纽约证券交易所成功上市。马云也由此体验了一次成为中国首富的感觉，即使后来再次被超越，但在2003年淘宝创立之后的13年间，马云的财富也增长了540倍！

6.1.1 为什么明星的社群更火

马云的创业经历值得所有人研究、学习。在讨论社群经济时，我们需要关注的重点却在于：为何一个明星企业家的社群无须刻意推广，就能够比中国最大的电商平台社群更火？

1. 人性化的互动

在微博上，马云从一开始就声明"只为自己代言"的原则。在与用户的互动中，马云未曾摆出"首富"的架子，也一再强调微博发布的都是"个人言论"。正是在这样的前提下，作为一名企业家，马云与社群的互动更加频繁；作为个体，马云与社群用户的互动也更加深入。

纵观淘宝的微博运营历史，即使淘宝竭尽所能想要塑造一个人性化的角色，以拉近与社群用户之间的距离，但归根结底，淘宝只是一个网站、企业，再人性化的社群形象也无法改变这一点。与此同时，基于企业的角色属性，淘宝微博也不可能做到随心所欲。

2. 满足用户好奇

一家龙头企业的创始人，与一家龙头企业的重要分支，哪个更能激起用户的好奇呢？答案无疑是前者。

无论是在现场活动，还是在各种网络资讯中，马云的曝光率都远高于淘宝，甚至马云的一句话都可能成为各大报纸的头条。对于这样一个人物，没有人会不好奇。

也正是因此，在马云开通微博账号不久就获得了6万关注。之后的运营，用户从马云的"只为自己代言"中，得以看到一个真实的马云，而非运营团队包装下的马云。

阅读马云的微博和各种相关内容，用户们会发现，马云能够获得今天的成绩，绝非因为天赋异禀或背景雄厚，而是靠不断坚持。正是不停的坚持，马云才能从草根成长为享誉全球的企业家。这样的正能量，也为马云进一步赢得了更多用户的追捧。

3. 企业作为背书

虽然马云在微博上秉持"只为自己代言"的原则，然而，他的阿里巴巴董事长的身份却从未被社群忘记。因此，在满足用户的好奇、展现个人魅力的同时，阿里巴巴的每一个成就其实都是在为马云背书。

淘宝层出不穷的各种商品、天猫"双十一"的火爆、菜鸟网络的快递布局、支付宝的普及与便捷、蚂蚁金服的金融服务、阿里巴巴的 IPO（Initial Public Offering，首次公开募股）奇迹……企业、产品和服务的每一次成功，都在为用户提供更加优质的服务，也为创始人马云吸引了大量的关注。

6.1.2　让用户触摸到社群的温度

马云的社群之所以比淘宝更火，其关键原因就在于，相比冷冰冰的企业，企业家无疑更具温度。社群想要成功，首先要让用户触摸到社群的温度。

在传统的宣传公关中，无论是明星还是明星企业家大多会采用"外交辞令"，使得他们在用户眼中真的如"星星"一样"高高在上"，让用户产生疏离感。但在社群中，企业家则要善于做"人"，以频繁互动和散发个人魅力进一步贴近用户，消除明星"不可触碰"的感觉。图 6.1-1 所示，为让用户触摸到社群温度的 3 个策略。

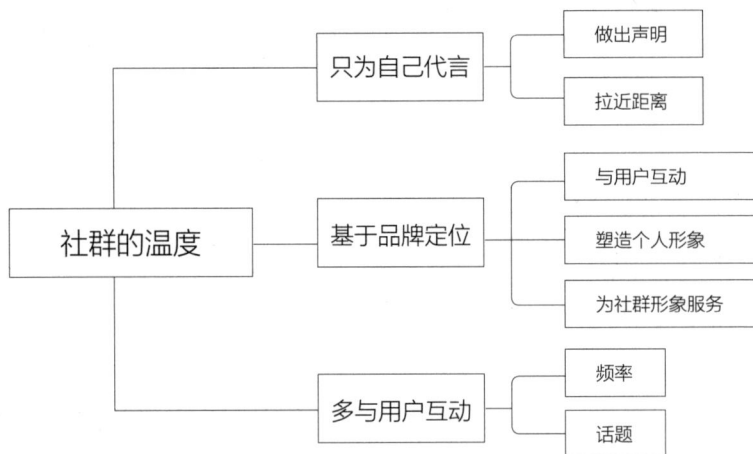

图 6.1-1　让用户触摸到社群温度的策略

1. 只为自己代言

想要让用户触摸到社群的温度，关键就在于你要与用户直接互动，而不是仅仅出现在新闻中、视频里。需要注意的是，在与用户互动之前，你首先要声明：本账号内容只代表个人，即"只为自己代言"。避免用户对你的个人言论做出过度解读。

在社群中，你一方面要用个人言论拉近与用户的距离，另一方面，你也要为企业、品牌或产品代言。这样两者之间就形成了某种矛盾。为了最大程度地消除这种矛盾，你必须做好"只为自己代言"的声明。

2. 基于品牌定位

虽然你在社群中"只为自己代言"，但用户仍然不会忽视你背后的利益，你的一言一行都会与你的品牌挂钩。事实上，这也是我们走到台前的目的——通过塑造个人形象，提升品牌形象。

因此，在与用户互动中，你首先要把握住品牌形象的气质，并将之塑造为你个人的气质。在成功展现个人气质、完成个人形象的塑造之后，你的个人形象就可以反向为社群形象服务。

如果品牌形象稳重、成熟，你就不能表现得太"潮"，反之亦然。

正如在苹果的社群运营中，用户们认可乔布斯的匠人精神，因此，他们自然认可苹果的"匠心独运"，为苹果产品和服务贴上"极致体验"的标签。

3. 多与用户互动

只有在与用户的互动中，用户才能感受到你的温度。然而，受限于时间和精力，你不可能实时与用户实现互动。

因此，在实际操作中，根据社群属性和事务繁忙程度，你需要设定好与用户互动的频率。某些时候，你也可以请人"代笔"，但这种事最好只是用于应急。

在条件允许的情况下，尽可能多地与用户进行互动。一般而言，在互动过程中，根据用户的需求，你可以选择这样三个话题：创业经验、产品研发、时事评论。

创业经验是为了展现你的个人魅力；产品研发是为了提升品牌的关注度；时事评论则是为了让你更"落地"。

让用户触摸到社群的温度的最佳方法就是你走出新闻、走向台前，摆脱新闻稿、外交辞令，与用户直接进行互动。如此一来，你的个人形象与企业形象也能互为辅助，实现螺旋式提升。要注意的是，为了避免被过度解读，你一定要做好"只为自己代言"的声明。

6.2　如何让用户触摸到社群的个性

如今，投身社群经济的商家越来越多。在这样的大趋势下，要善于做"人"的不仅是商家本身，还包括你的产品。

在传统商业模式中，产品只有好坏之分，只是可供使用的物品。但在社群经济中，产品也同样可以拥有"喜怒哀乐"，给予社群用户更加生动的体验。

那么，你要如何让用户触摸到你产品的个性呢？

6.2.1　拟人化形象展示

如何让产品做"人"？最简单的方法就是以拟人化的形象展示社群、品牌、产品或服务。

在微博上流传着这样一群"卖萌"的品牌账号：@知乎自称"知乎君"；@迅雷自称"雷娘"，并将迅雷下载宝称为"宝宝"。

与这些品牌的"孤军奋战"相比，阿里巴巴则是抱团上阵：@支付宝、@淘宝、@天猫、@蚂蚁金服……众多产品微博号频繁进行互动，通过互相评论、转发微博，将集团各产品间的关系塑造成"朋友"关系，从而深化整个阿里阵营的拟人化形象。

社群微博的运作同样是由人进行，既然如此，为何不让社群微博以更加拟人化的形象展示呢？

1. 拟人化的昵称

社群拟人化形象展示的第一步就是为自己起一个好记的昵称。在社群经济时代，各种"××君""小××"，已经到了"烂大街"的地步。有鉴于此，如果你能够想出更具创意的昵称当然更好；如果不行，也不用执着于创新。事实上，昵称只是一个代称，只需合适即可。

2. 拟人化的形象

为了进一步深化拟人化形象，你还可以为其量身定制卡通形象。在一般运营中，企业大多拥有自己的商标或品牌 LOGO；而在社群中，你还可以对企业的商标或品牌 LOGO 进行再创作，在保留 LOGO 图标主要元素的同时，对其进行拟人化改造。

比如，迅雷的图标一直是一只蜂鸟的形象，蜂鸟具有小、快、可悬停等特征，充分符合迅雷本身的产品定位。而在微博中，迅雷再次对蜂鸟进行了拟人化的改造，最终成了一只睁着大大的眼睛的蓝色蜂鸟，让人感受到了一股"萌气"。

3. 拟人化的内容

拥有了拟人化的昵称和形象之后，在社群互动中，你就应该尽可能发布拟人化的内容，而非仍然停留在"官宣"的层次。

因此，在发布内容时，你可以从以下几个角度着手，如图 6.2-1 所示。

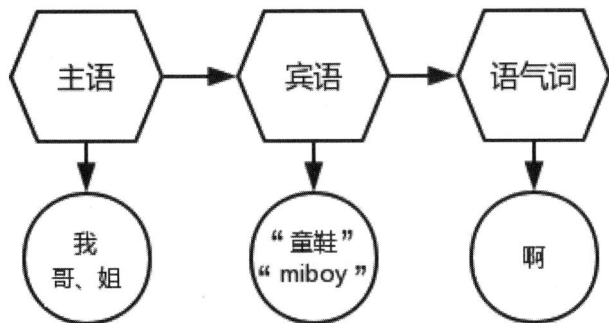

图 6.2-1　要善于发布拟人化的内容

首先，多使用主语，如"我"或以昵称自称，如哥、姐等。

其次，让宾语更生动，比如对用户的称呼，可以使用"童鞋"，或者是你的社群用户代称，如小米的"miboy"等。

最后，多使用语气词，如"啊"等。

社群拟人化形象的塑造，主体可以是社群、品牌、产品或服务，但拟人化的手段则离不开昵称、形象、内容三大要素，而最重要的就是拟人化的内容。这就需要有一个合格的运营者，能够站在社群定位的基础上，在传播社群文化的同时，让用户感受到社群的个性。

6.2.2　社交沟通应当真诚、落地

让用户感受到社群的个性，需要各种外在手段的辅助，但这些手段的核心仍然在于社交沟通。让社群站在"人"的角度上，真诚地与用户沟通互动，才能实

现落地，让社群形象"活"起来。

如果是以产品、服务为主题的社群，则该社群必然要承担促进产品销售的作用。这也是各种商业活动的终极目标。然而，在社群中想要实现终极目标，必然需要"讨好"用户，与用户建立真正的朋友关系。只有如此，用户才会主动关注、消费、传播。

因此，在与用户的沟通中必须做到真诚，在平等沟通中，不过度宣传，也不过度回避，建立真正的社交关系。图6.2-2所示为社群中真诚沟通的关键要点。

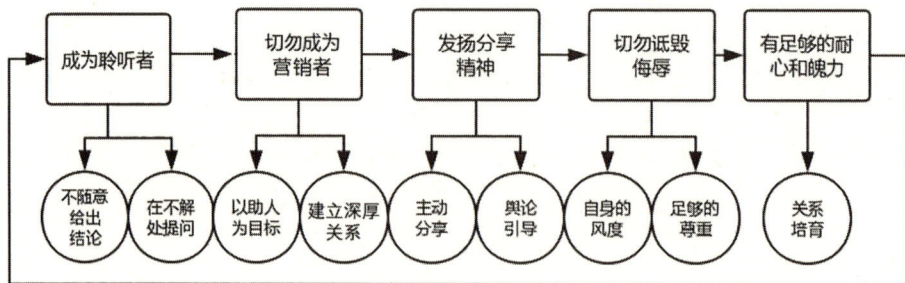

图6.2-2 如何做到社交沟通真诚、落地

1. 成为聆听者

当传统商家已经习惯成为"倾诉者"，向消费者"倾诉"自己的品牌、产品、服务时，在社群中，你要开始学会成为聆听者，聆听用户的需求。

让用户向你叙说他们的需求，不随意给出结论；在不解处提问，再深入聆听。如此一来，用户才会信任你，而你也能真正挖掘和满足他们的需求。

2. 切勿成为营销者

社群是营销的重要渠道，但身在其中，你要明白，你要借助社群塑造的并非客户，而是关系。即使有再多的社群用户，如果没有转化，也是一种失败。

在与用户的沟通中，切忌成为营销者，尽量以助人为目标，建立与用户之间的深厚关系，从而获得用户的主动帮助。

3. 发扬分享精神

你应该将产品公众账号打造为行业资讯分享平台。既然用户加入你的社群、关注你的信息，那么，他们也会关注该行业的一些信息。此时，你可以主动分享，让用户获取有价值的资讯。

当然，在这其中，你也可以做出适当舆论引导，提升自身形象。

4. 切勿诋毁侮辱

在社交平台上，即便是同行，你也要表现出自身的风度，在对待"友商"上，你可以选择不传播"友商"的正面新闻，但切忌大肆曝光"友商"的负面新闻，甚至是主动诋毁侮辱"友商"。

在社群运营中，无论是对用户、友商还是群外人士，你都要表现出足够的尊重，以免损害自身的形象。

5. 有足够的耐心和魄力

让用户感受到社群的个性，就要让用户与产品、商家（群主）之间建立关系。而这样的关系，是一个个逐步建立起来的。这就需要你运用图文、视频内容，开展活动等各种方式，不断进行关系培育。因此，你必须具有足够的耐心和魄力。

6.2.3 量身定制产品或活动

在众多策略中，没什么比量身定制更能让用户感受到你产品的温度了。其实，量身定制也是社群经济成功的关键。只有如此，才能让用户感受到你对他们的重视、你的个性；也只有如此，才能让用户一直聚集在你的身边。

1. 量身定制产品

想让用户感受到你产品的个性，离不开你在社交网络上的一言一行，也离不开真正到达用户手中的产品品质。即使你说得天花乱坠，如果没有产品作为支撑，用户真正感受到的也只是冰冷的"欺骗"。

如何为社群用户量身定制产品呢？

最简单的方式就是让用户参与设计，并投票决定。你可以在社群中发布主题设计活动，并选出得票最多的设计，将其作为新品进行发布。

在量身定制产品时，你也可以采取跨界模式。比如，你可以聚焦用户的日常用品如钱包、挂饰、鼠标垫、充电宝等，为用户定制专属产品，从而提升用户的归属感，并借助这些小产品让用户感受到你的个性。

2. 量身定制活动

开展社群活动是提升用户参与感的重要手段。与产品定制一样，你同样可以让用户帮你定制活动，直接将活动策划的权力交到用户手中。

当然，为了控制活动成本，你也可以多制订几个活动，让用户从中选择或让用户对这几个活动进行一定程度的改善。

基于活动本身的特殊性，如果没有新奇之处，全都靠用户自己策划，难免会造成用户的厌倦。因此，在提供活动选择之前，你就要做好策划，尽量做到新奇并由用户票选，避免新奇"过度"。

为用户量身定制产品或活动，能够让用户真正感受到你产品的个性。然而，想要让用户认可量身定制的服务，你就要深入了解用户需求，并以创新性的方式予以满足。这必然使你的产品设计、活动策划面临更大的挑战。对此，你可以直接将这个问题交给用户，让用户帮你解决。

6.2.4 "网红"代言

2016 年被称为"网红元年"，在这一年，伴随着 Papi 酱的出名，"网红"的营销地位得到确立。

在过去，"网红"经济模式离不开淘宝平台的支撑，而"网红＋电商"也成为"网红"人气变现的唯一渠道。但 Papi 酱却让"网红"经济的内涵进一步深化。既然"网红"的贴片广告动辄都价值上千万，那么，"网红"是否能够成为产品代言人，让企业可以在"网红"的社群里"打鱼"呢？

答案是肯定的。

1. 寻找贴近用户需求的"网红"

为何在一些企业眼中，"网红"的代言价值甚至可以高于明星数倍呢？

因为在社群经济中，与明星相比，"网红"虽然同样是红人，但他们的气质更加"草根"。换言之，他们与用户的距离更加接近。时下的明星虽然也会时不时与用户互动，但相比"专做社群生意"的"网红"，他们通常缺乏社群运营能力。

因此，企业在寻找"网红"代言时，一定要考察"网红"的亲和力，如果缺乏这种力量，其代言效果也无法凸显。

2. 寻找符合自身定位的"网红"

据调查，虽然"网红"的社群规模、影响力、影响面都明显低于明星，但其销售转化率却是明星的两倍。

比如，厨艺类"网红"——"文怡"，大概没多少人知道她的名字。然而，正是这位"网红"在公众号文章中推荐了一个砧板，在短短的 10 分钟内，该砧板就售出 1.5 万个，超过同类砧板的全亚洲年度销量总和。

"网红"代言无法为你带来太多的关注度，然而，当定位重叠时，"网红"代言却能发挥明显的转化作用，比如厨具与厨艺类"网红"、外设与电竞类"网红"、化妆品与美妆类"网红"等。

之所以如此，是因为"网红"懂得如何深挖某类社群用户的需求，他们的走红正是依靠社群粉丝的认可。当定位重叠时，"网红"代言就能直接让你的产品获得该类用户的认可，粉丝用户也能透过"网红"感受到你产品的个性。

3. 创新代言模式

如果放弃明星而选择"网红"代言，在代言模式上，你就要进行一定程度的创新。传统的明星代言模式十分简单，明星出境录下一段广告语："这个真的好，大家快来买。"

在社群经济下，"网红"代言却不能带有太浓厚的商业气息，而应当"以理服人"。"网红"能够让你的产品与用户零距离接触，而"网红"代言的方式，最好轻描淡写地将广告融入内容当中。

比如你做化妆品，并邀请了一位美妆"网红"代言，那么，在"网红"录制化妆教学视频时，可以顺带一句："最近发现了一种不错的化妆品，就是这个。"然后继续进行化妆教学。即使出镜时间不过几秒，依靠"网红"的转化能力，也能对产品起到极大的推广作用。

6.3 社群群主要做好企业或产品的代言人

在传统营销模式中，企业或产品的推销离不开明星代言人。基于娱乐圈的独特性质，明星拥有更高的曝光率和关注度，明星也由此拥有了代言的价值：将对自身的关注度引导至品牌或产品。

而在社群经济下，在社交平台的信息传播中，作为群主，你或许可以尝试自己做企业或产品的代言人，以更低的成本创造更大的效益。

6.3.1 亲自上阵，为品牌代言

企业创始人其实是最具品牌代言价值的人。

陈欧可以说是"为自己代言"的鼻祖。早在2012年年底，在聚美优品发布的第二个广告中，陈欧扮演了一个创业者的角色，他不断受到外界各种质疑、攻击、抹黑……而一切都仅仅因为他太年轻。此后，由该广告为模板的"陈欧体"迅速蹿红网络，陈欧的新浪微博粉丝数由100万瞬间涨到154万。

1.贴合品牌气质

作为品牌创始人，当你为品牌代言时，自然能够更加贴合品牌气质。

基于陈欧塑造出的"年轻总裁"形象，聚美优品在年轻人中极具关注度。也正因为陈欧、聚美优品的形象合一，这家 2010 年才成立的互联网企业只用了 4 年就成功在纽交所上市，并跻身中国电商排行榜第七位。

创始人做品牌代言人时要谨记一点：让自身与品牌气质贴合，而不是让自身影响品牌气质。

如果你的品牌气质是年轻，你就要突出自身的年轻化气质；如果你的品牌气质是稳重，你就要表现得更加成熟；如果你的品牌气质是专业，则要尽量减少娱乐化的曝光。

如若不然，"为自己代言"反而会拖累你的品牌形象。

近几年格力集团也开始"为自己代言"，董明珠亲自上阵，取代了之前的明星代言人成龙。据董明珠本人称：每年光请代言人的费用超过千万，正打算自创手机的格力，宁愿把省下的钱花在产品开发成本上。2015 年，当格力手机推出时，让市场惊呼的是，格力手机的开机画面竟然是董明珠的自拍。在格力手机遭遇滑铁卢时，董明珠却仍坚持年销量 5 000 万部的目标不变，甚至称"卖 1 亿部都没问题"。

董明珠为格力代言本身并非错误，但在董明珠代言之前，格力一直凭借"工业精神"受到市场的广泛认可。然而，董明珠所展现出来的形象却与产品不太相符，甚至让市场对格力空调的质量产生了一定的怀疑。

2. 节省代言成本

虽然董明珠"为自己代言"的战略不太成功，但她的那句话却没有错——"每年请代言人的费用，不如省下来花在产品上"。

在明星代言屡遭质疑的今天，明星代言的效益也已经大大降低。而对于创业者而言，初期运营的各项投入使得企业很难有富余资金用于明星代言，如果请一些三流明星，还不如不请。

尤其是在社群经济中，你完全可以依靠社交网络的力量实现快速传播，而其中的关键就在于：让你的产品或服务给予社群用户极致的体验，从而激发用户的主动传播。

6.3.2　社群意见，让用户代言

很多人意识中都有这样的观念："王婆卖瓜，自卖自夸。"但如果你不信明星的代言，也不信商家的自夸，那么用户的实际体验你总应该相信吧？

在社群经济中，当企业发展到一定规模时，社群意见引导的责任必然会落到"斗士"的身上。

事实上，如果你在社群中发布活动，招募社群代言人，一定会赢得热烈反响。因为这本身就是一种鼓励，用户会将它看作一种 VIP 待遇。招募社群代言人通过激发用户的积极性并借助用户的可信度，加强了产品的宣传效果。

与此同时，对社群运营而言，让用户代言也是不错的社群活动，能够吸引大量用户的关注和参与。

那么，具体而言，应该如何让用户代言达到奇效呢？

1. 把机会留给忠实用户

在用户代言人的人选方面，你应当优先考虑社群的忠实用户。因为这些距离社群核心最近的人有更大的动力将更多用户带到这个社群中。这是"代言人效应"应该起到的效果。当然，这也是对忠实用户长期支持的一种回馈。

值得注意的是，企业的忠实用户众多，而代言人只有一位。这时候就要通过有趣好玩的"竞选"活动，选出最终的代言人。

在设计活动时，你要充分考虑其趣味性和参与性，既要让更多人参与到其中，也要让他们玩得开心，并根据用户票选和社群考察决定最终的代言人，如图6.3-1所示。

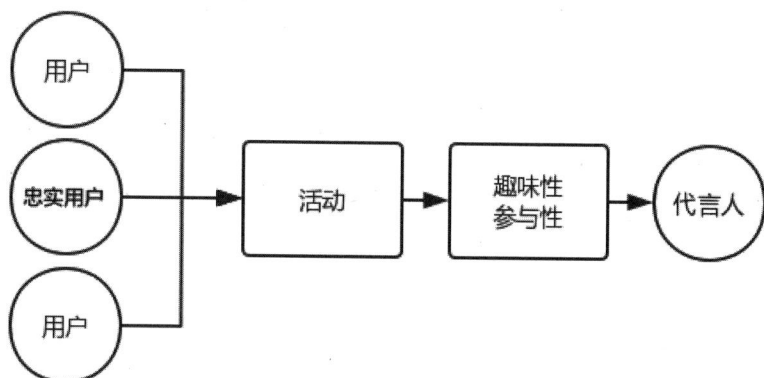

图 6.3-1　把机会留给忠实用户

2. 为 "代言活动" 造势

为了让更多的用户参与到用户的代言活动中，你必须为活动造势，从而让用户代言从一开始就展现出营销效果。

具体而言，你可以在微博上发起活动，比如征集一名用户为店铺做代言，邀请社群用户们将自己的照片公布在平台上，并发动大众投票，票数最多者获胜。

用代言活动吸引用户注意，并借此发现更多潜在用户。因此对社群来说，造势活动也是一次增加曝光、吸引用户的良机。

3. 设计有效的奖励措施

虽然让用户做代言人本身是对他们的一种精神鼓励，但若能给予其物质上的奖励，则更能调动用户的积极性、提升他们的归属感。

例如，每个参与活动的人都能享受一次现金折返；最终成为代言人的用户可获赠价值 500 元的服装等，用少量成本换取较高的关注度，对企业来说是非常值得的。

选择用户做代言人是聚拢用户的一种有效方式。在用户看来：原先只有明星才能做的事情，现在自己却拥有了代言的价值。这样一来，企业既能够提升用户的参与度和社群的活跃度，也能以更低的成本找到更好的社群代言人。

6.4　去中心化与社群群主

在社会交往中，基于各种社会属性都会产生社群，比如同一个团队的同事群、同一个学校的校友群，同一个地域的老乡群，或是同一个爱好的兴趣群等。基于这样的定义，社群的内涵也被无限放大，社群甚至可以看作一环套一环的"圈子"。

在各种各样的社群"圈子"中，你不必纠结成为何种层次的"圈子"。关键在于借助社群的力量，让用户感受到你的态度。在国内的各大社群平台中，知乎无疑是最成功的一个。在此，我们就以知乎为例，探讨社群如何帮你做"人"。

2010 年 12 月，知乎创立，3 个月后，知乎获得了李开复的天使投资，一年后获得启明创投的近千万美元投资。此时的知乎仍然采用邀请注册制。直到 2013 年 3 月，知乎开放注册，在不到一年的时间里，其用户数量迅速从 40 万增长到 400 万。2015 年 11 月，知乎凭借国内最大知识社群的地位，完成 5 500 万美元的 C 轮融资。

6.4.1　以"大咖"群主突破零用户

社群创建初期必须要有一个灵魂式的人物，这就像是班级群里的班长、同事群里的主管。正是因为有他们的存在，同一个"圈子"的人才会聚集在一起。

知乎的发展同样如此，凭借与李开复及其创新工场的良好关系，创始人周源在知乎成立初期就邀请了 200 多个行业精英参与。这些行业精英也不乏一些大佬级的人物。正是因为他们这群"大咖"人物的存在，知乎才能够成为一个高质量的知识社群。

很多用户在使用知乎时甚至发现，当他们询问"李开复为何离开谷歌"时，回答者竟然是李开复本人；当有人询问"听说马化腾经常会直接回复普通员工的邮件，其中令你印象最深刻的是哪一封？"时，也会有许多腾讯员工"现身说法"。

在知乎创立的两年间，它都一直维持着一种"小而美"的状态，各行各业的"大咖"人物尽心地为其他人士答疑解惑。

社群在创建初期可以看作是单纯的用户聚集地，因为对 "大咖" 群主的崇拜，他们聚合在某个社交平台之中，希望能够与 "大咖" 群主建立更直接、密切的互动关系。

因此，在社群组建时，你要发挥个人魅力，在与用户的直接互动中，让用户感受到你的态度。这就像马云亲自组建社群，用户肯定会积极参与，而马云的每一次 "现身说法"，也必然是社群的一次互动高潮。

6.4.2　以去中心化的形式进行开放分享

社群营销并不是某个小圈子内部的游戏。一个群主的崇拜者再多，真正高质量的也不过 10 万，即使几个群主聚合，也不过多几十万的用户而已。而在社群运营中，群主能同时维护的用户数量则更少，甚至无法覆盖千人以上。

因此，为了让社群突破群主的影响范围，你就应该在塑造好社群的文化基调之后，以去中心化的方式，在开放共享中，将更多的用户纳入社群中，只抓社群管理，让社群在用户的自主互动中实现价值的大幅提升，如图 6.4-1 所示。

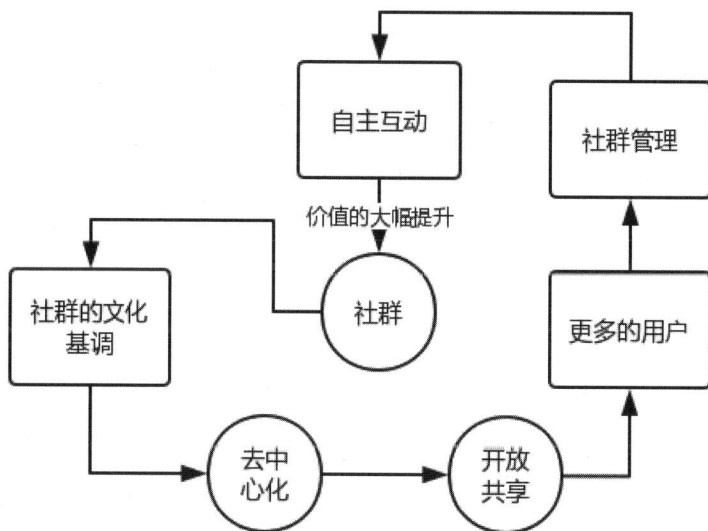

图 6.4-1　在开放共享中实现社群价值的大幅提升

2013 年 3 月，知乎正式开放注册。也正是在那时，人们开始发现，原本的"大咖"开始淡出知乎。但与之相对的是，在短短 9 个月内，知乎用户数就从封闭期的 40 万增长了 10 倍达到 400 万。

但在社群的开放运营中，你必须避免大批涌入的用户损害社群的社交体验。知乎就以点赞、置顶、邀请等多种方法维护知识社群的专业性，最终形成了知乎特有的社群氛围：尊重知识并乐于分享。他们在这个平台上寻求问题的答案，也为他人答疑解惑，遇到高质量的问答他们同样会主动分享。

这就是去中心化的力量，通过氛围的塑造和维护，让用户在某种集体意识中主动创造与分享。此时，你无须再多费力气，即可让氛围感动用户，一切也都可以水到渠成。

6.4.3 以社群小群主建立小"圈子"

社群的形成是基于某个具有共同属性的"圈子"。在社群经济中，社群的基本属性就是对某一共同属性的认可。但在这一属性下，当社群内用户数量达到一定规模时，社群内部也会自然分化出各种小"圈子"。

而这些"小圈子"也有着各自不同的属性特征。此时，去中心化的管理机制也就不再适合大规模的社群。人多嘴杂甚至会破坏社群的文化氛围。为了维护社群的效用，你需要进一步推动小群主的产生，聚合分类用户，构建小"圈子"。

知乎在创立之初，其社群属性十分简单，来到这里的用户几乎都是互联网和 IT 界的精英。他们来此或是交流工作技巧，或是学习创业经验，或是了解企业文化，都是希望在这个平台获取更多的知识。

时至今日，知乎仍然对互联网和 IT 从业者有着巨大的吸引力。但进入知乎之后，你却能够在话题广场发现各种各样的话题，如时尚、法律、设计、阅读等。这些话题圈也已经形成了各自的小群主。这些小群主在各自的话题圈中也具有极高的关注度和支持度。

当社群用户数量达到一定规模时，你就要有意识地挖掘并培养小群主，在对社群用户进一步进行分类之后，让这些小群主带领相应用户建立属于自己的"小圈子"。

这样一来，用户能够在社群中获得更好的社群体验。另一方面，在用户分流中，你也能将同类用户聚合在一起，并对社群文化进行一定程度的改造，从而维持社群文化的感染力。与此同时，在小群主的"代劳"下，用户也能够感受到直接互动的体验，从而确保用户能够从社群文化中触摸到社群的温度。

让用户触摸到社群的温度其实很简单，总结而言，也不过是通过群主、产品、社群文化而已。在社群运营中，群主能够与核心用户直接互动，产品能够深化社群体验，社群文化则是保证社群整体体验的关键。当社群用户达到一定规模之后，你就要进一步细分用户，在更微观的层面上给予每个用户温暖的感觉。

6.5 如何打造维系社群活力的文化

社群是人与人聚合的产物。表面上看，社群是网友之间互动、交流的平台，每个人都能找到属于自己的社群；而从更深层次来看，社群就是现实社会的映射：每个人分工不同，就会存在一定的"阶级差异"，彼此之间有欢乐、有合作，但有时也会出现摩擦。

健康的社会必然有一套完整的道德体系与法律体系，且充满积极向上的价值观。这样，即便遇到问题，也可以通过合理手段完美解决。同理，社群亦是如此。唯有充满正能量与正向性的社群才能化解人与人之间的摩擦，从而形成可持续发展的模式。

6.5.1 鼓舞人心与正向价值

什么样的精神造就什么样的社群。当社群文化是积极向上、鼓舞人心的导向，社群的每个人就愿意不断进步、挑战自我；反之，社群则可能会很快消亡。

任何一个极具号召力的社群，无一例外都充满了正向价值。正向价值的社群文化激励着每一个成员以饱满的状态面对社群，面对生活。

所谓正向价值，就是指一系列对社会发展具有积极推动作用的观念、行为、精神、风气、习惯、文化等，如图6.5-1所示。而在社群之中，这些核心组成同样不可或缺。

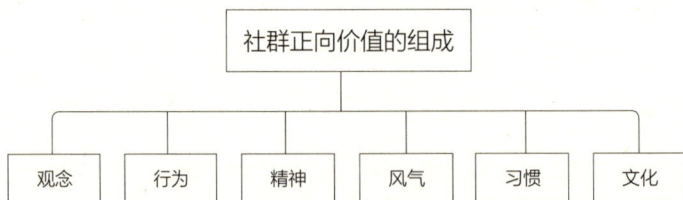

图6.5-1　社群正向价值的组成

没有一个品牌或个人希望自己的社群陷于抱怨、沮丧的情绪之中。那么，该如何打造社群的正向价值，才能让社群散发出鼓舞人心的魅力呢？

1. 公开展示榜样

榜样的力量是无穷的。社群运营中，一旦看到成员有创新和贡献，就不要吝啬赞美，要第一时间公布，让社群所有成员看到：有人正在通过自己的努力实现人生的价值！朋友圈、微博等都是展示榜样的最佳平台。社群管理员应当创建这样一种社群场景氛围：社群榜样，是整个社群的骄傲！

甚至，为了鼓励社群成员都具备正向价值，对有突出贡献的社群成员可以进行物质或精神层面的奖励。而在举办线上培训、线下主题活动时，这位成员必然会作为"特别嘉宾"出现，与所有人一起分享他的经验。

2. 定期分享会

正向价值的养成需要不断地积累、拓展，一次展示是不够的——形成体系，让正向价值不断传播，才是提升社群氛围的关键。所以，社群运营方就应当举办相关分享会，每周一次、每月一次，邀请社群内的成员作为当期分享会嘉宾，分享自己的心得体会。当每个人都有成为嘉宾的机会，都能够传播自身的正向价值时，那整个社群的文化就会逐渐形成。

对于社群建设尚未完整的社群来说，也许分享会短期内无法展开，那么通过发布主题帖、进行访谈对话，录制视频、编辑文字进行发布，同样可以取得极佳的效果。

6.5.2　符合主流文化观念

社群要有个性，才能赋予社群成员与众不同的气质与心态；然而物极必反，过分强调个性，有时也会产生消极的负能量。

个性的建立要有底线。这个底线就是主流文化观念。一旦突破底线，社群将充斥着各种负面、消极乃至违法乱纪的话题，那无论规模多大的社群，都必然会走向灭亡，被主流社会排斥。

让社群在符合主流文化观念的基础上做个性化的尝试，这才是社群应有的健康心态。

正能量是当下的主流文化观念。只有与主流文化观念相契合，弘扬正能量，社群才能散发吸引人的魅力，形成一批忠实的社群"铁粉"。美好与积极向上，始终是绝大多数人所追求的。

促成社群建立正确的价值观，符合主流文化观念，决不能只停留在口号宣传上，而是要融入日常的社群运转中。

一旦社群形成积极健康的文化观念，具有高尚的价值观，绝大多数的社群成员都不会离开。因为在这样的社群中，成员感受到的不仅有快乐，更有温暖和人性的光辉！

6.5.3　群成员对价值观的强认同性与可执行性

什么样的社群价值观才是真正有效的价值观呢？

首先，能够得到所有社群成员的一致认同；

其次，能够在社群中传播，并通过活动、话题等可以将其予以执行。

唯有具备认同性和可执行性的价值观，才是真正有效的价值观。这就是为什么，不少社群看似有了口号、文化概念，却一直都无法淋漓尽致展现出来的原因。束之高阁的社群价值观终究只是一个概念，只是看起来很美。

那么，如何才能让社群成员对价值观具备强认同性与可执行性呢？

想要形成强认同感与可执行性，必须站在社群成员的角度上，去分析社群价值观是否合理。发现不合理应当及时调整。同时，多举办一些能够让成员感受到快乐的活动，如职场之于技能培训，既能够让成员感受到社群价值观，又能在实践中贯彻价值观。

6.5.4　群成员自觉传播群文化

无法有效传播的社群文化犹如神秘的玛雅文明，无论多么引人入胜，也会淹没于历史长河之中，没有任何传承。所以，社群文化的传播不仅是品牌和社群群主的责任，更需要所有社群成员共同努力。

那么，如何让社群成员形成自觉传播社群文化的习惯？方法只有一个：让每一位成员都成为内容原创者。

如果将社群比作一棵大树，那每个社群成员都是一粒种子，他们携带着社群的文化分布在世界的各个角落。激活社群成员的自觉性，这粒种子就会生根发芽。

所以，要想刺激社群成员的自觉性，社群必须建立以下两个机制。

1. 给予社群成员创造内容的机会

社群的微信平台、论坛置顶机会应当向社群成员敞开大门，让他们有机会创造内容。例如，每天推送一次内容的微信公众平台，不妨在第二栏、第三栏开设"社群成员专栏"，让他们按照自己的想法去撰写、编辑。当社群成员的内容创造能力越来越强，就会由过去的单点传播模式变成网状传播模式。

2. 社群分享成员的内容

普通社群成员并非"网络红人"，所创造的内容即便很好，但有的仍缺乏流量。此时，社群管理员、群主应当积极行动起来，分享社群成员的内容，从而让成员获得更高的曝光度。

6.5.5　引导群成员建立垂直化社群

随着社群成员的不断增加，社群进入全新的阶段。此时，单凭数个社群管理员已经无法应对动辄上万人的管理；同时，社群成员的数量激增也会导致新的社群特征形成，尤其是呈现出明显的地域化。例如明星社群，倘若该明星在北京做签售会，那么北京地区的成员势必最为活跃；该明星在广州进行活动发布，广州的成员社群必然话题量激增。

过于庞大的社群很容易出现话题无法集中的问题。所以社群不妨引导成员进行垂直化社群建设，进行地域复制。

地域化复制的垂直化社群既能满足不同地区的社群成员需求，同时也能完善、补充社群文化，创建全新的文化社群体系，因此更具影响力和活跃度。

那么，如何建立垂直地域化社群，让社群文化进一步传播呢？

1. 对社群文化高度认同

首先，地区分社群必须高度认同社群文化，它们的精神应当是社群文化的延续而非完全独立的。地区垂直社群应当接受主社群的监督，同时积极配合主社群发起话题互动。

2. 按照主社群的要求建立

对于地域性社群而言，多数并非出主社群直接管理，因此会出现管理不足的情况。为了避免地区社群负责人出现问题，在建立前必须按照社群要求填写相关申请书，制作出专业的申请章程，明确各种要求。这种机制既可以让地区社群申请人明确自身的权利与义务，同时让其以专业的态度和素养来运营、服务社群。

因此，对垂直区域社群来说，申请人的基本要求应该包括以下几点，如图6.5-2所示。

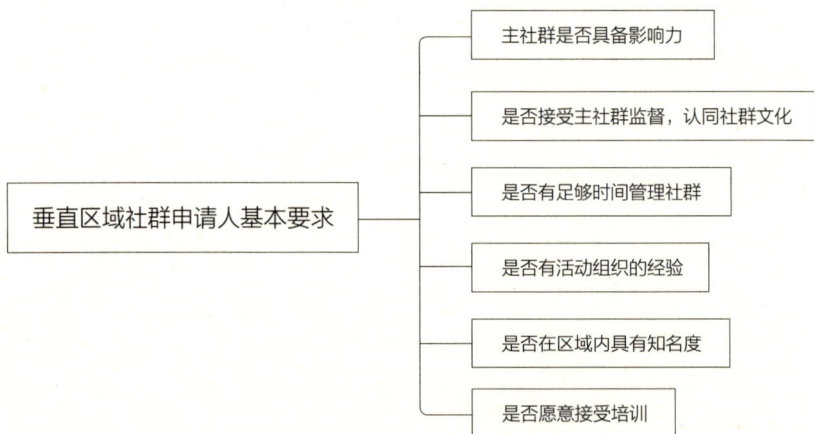

```
                              ┌─ 主社群是否具备影响力
                              ├─ 是否接受主社群监督，认同社群文化
                              ├─ 是否有足够时间管理社群
垂直区域社群申请人基本要求 ─────┤─ 是否有活动组织的经验
                              ├─ 是否在区域内具有知名度
                              └─ 是否愿意接受培训
```

图 6.5-2　垂直区域社群申请人的基本要求

3. 主社群与区域社群互动

对垂直区域社群，主社群应当给予足够的关注，例如举办大型活动，主社群应当在微博、微信等平台进行预告、展示，帮助垂直区域社群提升社群影响力。一旦形成良好的互动关系，那么所有社群都将建立完整、统一的价值观，让社群影响力进一步提升，社群文化即可深度拓展。

第7章

玩才是大事：
参与感让社群用户更活跃

参与感是诸多社群成功的秘密，也是社群运营者必须掌握的运营策略。如何在社群活动、产品设计以及社群管理中植入参与感，是社群运营者必须思考的问题。

7.1 好玩是社群活动的重中之重

2016 年年初，阿里巴巴 CEO 张勇发表讲话称："商业正从物以类聚走向人以群分。"这是因为，在个性化和小众化消费的崛起中，用户很少再因为某个产品而聚集，更多是缘于个性的趋同。

简单来说，用户之所以聚集在一起，更多是因为他们拥有相近的兴趣爱好，也就是说——觉得好玩。好玩也是社群活动开展的重中之重。

那么，你该如何借助好玩提高用户参与感，让用户和社群更活跃呢？

7.1.1 为什么网络游戏好玩

在所有互联网产品中，参与度最高的产品是什么？毫无疑问是网络游戏。相比其他活动，网络游戏的乐趣究竟在哪儿？

1. 即时反馈

在游戏中，玩家的每个操作如单击、移动鼠标或敲击键盘等都可以获得即时反馈。这是大多数活动都无法实现的。即使是在即时聊天中，你都可能因为网络延迟或对方反应慢，而失去即时反馈的体验。

正是这样的即时反馈让玩家感受到极大的乐趣。在各种游戏中，根据即时反馈的激烈程度，游戏的受欢迎程度也有所差别。

比如，时下最流行的游戏就是电子竞技游戏，如"英雄联盟""穿越火线"等，在这些游戏中，游戏内容瞬息万变，玩家必须集中精力参与，过程中玩家感受到的刺激也较多；相比其他游戏，策略类游戏则受众较小，因为这类游戏通常需要运营相当长的时间，才能迎来较大的转变。

2. 激励

玩家之所以全身心地参与，自然不是单纯为了刺激自己的大脑，而是因为这种参与能够给予玩家一定的激励，如游戏币、经验值或兑奖积分等。游戏币、经验值可以提高玩家操作角色的能力，而兑奖积分则能够兑换实体物品。

为了获取这些激励，玩家愿意花费更多的时间，也愿意不断学习相关的技术，以提高自身获取激励的效率。

试想一下，如果在一个竞技游戏中，所有人的等级、装备都没有差别，这款游戏还能吸引多少玩家呢？

3. 成就

在国内热门网游中，多款游戏都已经实现千万玩家同时在线的纪录，其注册用户数量也能够轻松破亿。网游为何能够赢得如此多的用户？

因为在游戏本身赋予玩家乐趣的同时，在与其他玩家的竞技中，玩家还可以获得更多的成就感。这种成就感也让玩家的乐趣进一步落地。

尤其是热门游戏对玩家而言更具意义，在他们进入各种"圈子"时，都可能遇到同款游戏的玩家。此时，他们在游戏中获得的成就，就能够反向影响其现实的社交关系。

7.1.2 让社群活动更好玩

如果没有好玩的活动，即使每天发红包，你的社群也会面临大量的用户流失的情况。

当你认识到网络游戏的好玩之处时，就可以学习借鉴，打造出更加好玩的社群活动，让社群用户都积极参与其中。

1. 即时互动

在社群活动中，你一定要保证互动的及时性。

比如，有些社群为了维持社群活跃度，推出了一个固定的活动形式，即每周六晚 20:00～21:00，邀请嘉宾与用户进行主题交流。这些主题交流活动都很有趣，但群主仍然无奈地发现，活动的参与者越来越少。

原因何在呢？因为这一个小时的主题交流就像回到课堂，只有中间 10 分钟的时间可以交流，其余时间都只是单纯听嘉宾讲课。如果没有极大的兴趣，谁愿意参与这样的活动呢？即使有兴趣，单纯的听讲也会让用户感到厌烦。

在社群活动中，你必须不断提升互动的及时性，在活动中实时进行互动。

以上述案例为例，在嘉宾"讲课"时，你要安排专员负责与用户进行实时互动，对于较为深入的问题则可以记录下来，在筛选之后向嘉宾反馈，让嘉宾即时回应，用户还能不断与嘉宾探讨，如图 7.1-1 所示。如此一来，大多数用户都能获得"听众来电"的体验。

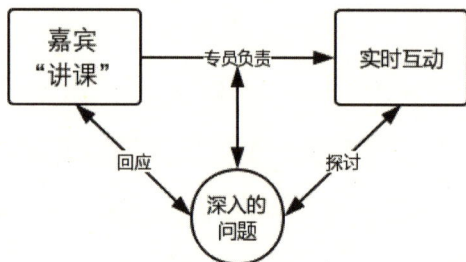

图 7.1-1　社群活动中要即时互动

2. 多元激励

只有激励才能让用户热衷于参加社群活动。然而，如果你只会用红包激励，且不谈效果如何，你付出的成本与收益也不成正比。

在社群活动中，你必须结合多种激励手段，除现金红包、优惠券等实物激励外，还包括各种精神激励。

具体而言，在组织社群活动时，针对用户的每一次反馈，你都要制订相应的激励方案。

首先，参与有奖。用户只要参与活动即有可能获得某个奖品，以此激发用户的参与热情。

其次，反馈有奖。在社群活动中，如果"粉丝"能够做出某种贡献，如提意见、做策划、找 BUG 等，都可以获得相应的奖励，从而调动用户的主观能动性。

最后，获胜有奖。任何活动的成功都需要融入比赛的元素。只有这样才能让用户更加积极，而比赛获胜的奖品也要足够诱人，如图 7.1-2 所示。

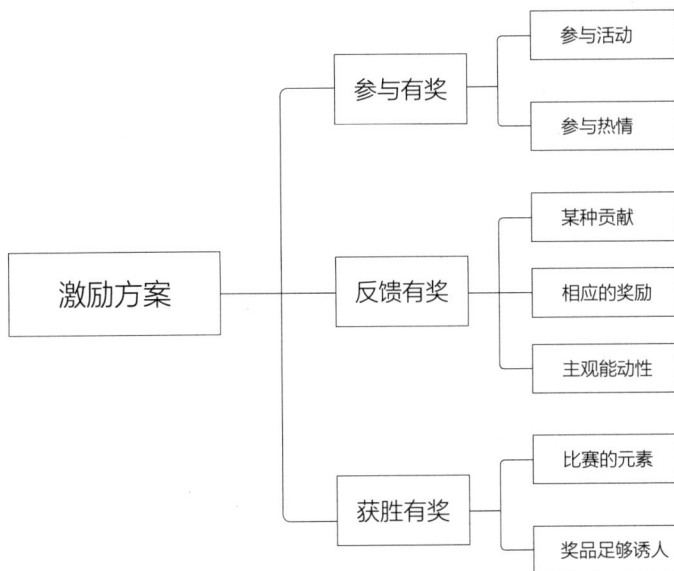

图 7.1-2　激励方案要多元

3. 成就养成

成就更多的是一种精神上的激励，其激励效果也更加持久。赋予用户成就感，能够让用户更加积极地参与到社群活动中。

因此，在社群运营中，你可以融入等级、勋章之类的概念，将社群活动纳入一种养成系统之中。

针对每次独立的活动，你可以为获胜者颁发胜利勋章或贡献奖，并在社群内进行通告。

而在持续的社群活动中则可以融入等级概念，为每次活动的每个奖项设定相应的积分，如获胜得到多少积分、提意见得到多少积分，随着积分的增长，等级也会随之增长，当用户等级达到某个层次时，则可以获得该层次的奖励。

比如，在设定好每次活动积分和"升级经验"之后，当用户达到 5 级时，就可以获得"资深用户"称号，并获得会员资格；当用户达到 10 级时，则能够成为忠实用户，并获得实物勋章和实物奖励；当用户达到 20 级时，则自动成为"元老"，享有各种高级权限，并获得实物奖励。

7.2 社群活动策划中如何植入参与感

社群活动是提高用户参与感的关键，也是展现社群好玩性的重要渠道。然而，在社群遍地的今天，很多人会陷入这样一种尴尬局面：无论组织怎样的活动，用户的反馈不外乎"没意思""真没劲"等。

究竟怎样的活动才能让用户满意？与其自己苦苦思索，不如直接让用户告诉你。在活动策划中植入参与感，以此让用户和社群更活跃。

7.2.1 让用户策划活动

要在活动策划中植入参与感，最直接的方法就是直接让用户策划活动。例如，在社群里发起投票："大家想要怎么玩？"让用户选择一个玩法，你负责组织和提供经费即可。不过，在让用户策划前后，社群组织者需做好以下工作。

1. 设定活动主题

每次社群活动的举办都会有相应的目的，如新品推送、优惠发放等，而社群活动的开展必须为这些目的服务。因此，为了更好地引导用户，在让用户策划活动之前，你要先设定好活动的主题，如新品发布会、年度特卖会等，让用户根据这些主题进行策划。

2. 限定活动形式

让用户直接策划活动的策略十分大胆，因为你永远不知道用户会做出怎样的选择。

另外，面对诸多方案，众口难调，诸多用户也很难做出最终的抉择，还可能会引起社群内的冲突。

因此，在让用户策划活动时，你可以预先设定并提出几个大致的活动形式，让用户进行票选。与此同时，用户可以反馈活动改进意见，你可以根据实际情况决定是否采纳，如图 7.2-1 所示。

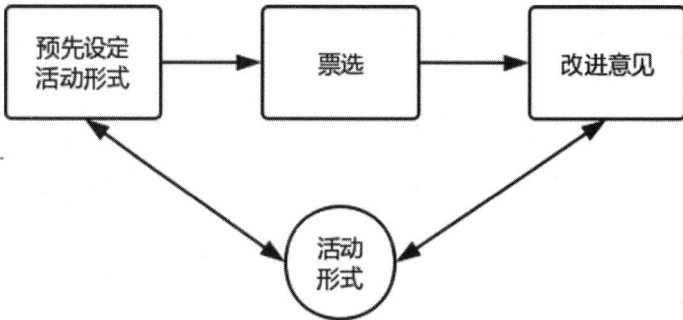

图 7.2-1　限定活动形式

3. 组织票选活动

票选活动本身就是一种社群活动，它也是很好的造势方法。因此，你要尽量让更多的用户参与到票选中，从而在该阶段就能够调动社群的活跃度。

与此同时，如果活动是由用户自己选出来的，他们的参与欲望也会更强烈。

即使部分用户选出的活动无法最终成行，但这样的票选活动也能够展现你对用户的尊重，让他们更加认可这个社群，并感觉到这个社群好玩。

4. 安抚落选活动

有票选自然就有落选，面对那些选择的活动未能成行的用户，你也要做出一些补偿，让他们能够积极地参与到此次活动中来。

具体而言，你可以制订规则：每期票选活动之后，在第二次票选中，上次票选获胜的方案将排除在候选名单中，并增加新的候选方案。

如此一来，既能够抚慰那些落选活动的支持者，也能够避免每次举办相同的活动，让用户感到厌倦。

在设定好活动主题、限定好活动形式之后，无论用户做出怎样的选择，其实都在你可接受的范围内，而且能够实现你的活动目的。与此同时，赋予用户一定的选择权，则能够极大地调动用户的积极性，从而提升社群活跃度和用户的参与感。

7.2.2　让用户策划细节

将活动的选择权交到用户手中，难免会存在诸多的不可控因素，因此，让用户策划活动，需要你采取更完善的管理方法。尤其是基于某些活动目的，可能只有相应的活动才能奏效，此时，你可以退而求其次，在自己把握活动主题及节奏的同时，开放部分细节交由用户策划。

1. 让用户选择代言人

品牌的发展离不开一个合适的代言人，代言人能够为你的品牌形象代言，在以其自身形象提高品牌形象的同时，也能够将其粉丝转化为品牌的用户。

然而，究竟哪个明星或"网红"才适合担任品牌代言的角色呢？

此时，你不妨将代言人的选择权交给用户，根据自身定位和经费预算，你可以给用户几个选项，让用户从中选择。

事实上，根据用户关联原则，如果你的用户都喜欢某个明星，那这个明星的粉丝对你的品牌产生兴趣的可能也较大。

2. 让用户决定活动时长

在演唱会的结尾，我们总能看到粉丝高叫着返场再唱，演唱者也会应粉丝要求返场数次，从而满足粉丝的需求。

在社群活动的策划中，如果是用户都十分期待的活动形式，那么，你不妨将活动时长的决定权交给用户。

如果你初步设定的活动时长只有 7 天，而在这 7 天中，用户参与性极高，而且纷纷要求延时，则可以适当延长活动时长。

3. 让用户设定活动频率

当你的某次社群活动成功后，你就应当开始考虑将其打造为一种固定的活动形式，使其发挥最大效用。然而，究竟应该多长时间举办一次活动呢？此时，你同样可以交给用户决定。

在活动成功举办之后，根据活动规模你可以给出年度、季度、月度甚至是周度的选项，让用户进行选择，如图 7.2-2 所示。之后，你可以按时举办，而用户对于自己票选出的活动，自然也会表现出更高的参与热情。

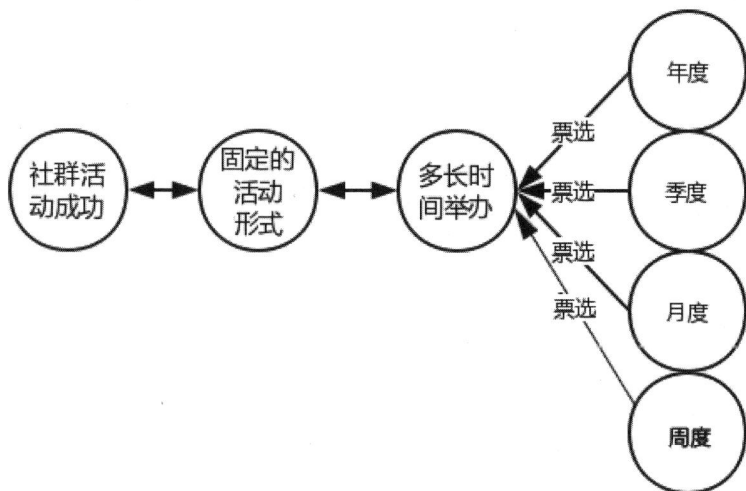

图 7.2-2　让用户设定活动频率

4. 让用户策划社群节

当你具有了相当规模的粉丝数量时，就可以学习小米，举办属于自己的社群节，让社群用户在这一天可以集体狂欢。

那么，社群节应该如何策划呢？

首先是举办时间。为了切合品牌主题，社群节的举办时间最好放在社群成立的时间。这样的社群节更具象征意义。

其次是活动内容。粉丝节的活动内容不外乎新品推出、旧款优惠、线上互动、线下游戏等。根据用户的诉求，对这些活动也应当有所侧重。

最后是活动时长。随着社群的不断壮大，你的社群节时间也应相应延长，直至发展为"社群月"，在某一个月份，持续举办各种庆祝活动，如图7.2-3所示。

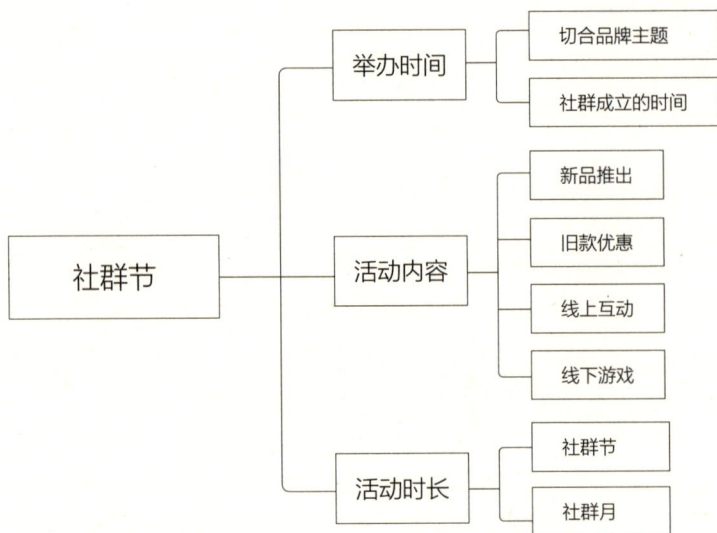

图 7.2-3　让用户策划社群节

5.让用户决定优惠幅度

优惠、折扣是营销活动的惯用手段，但如果只是打折销售，未免有些缺乏新意，你的折扣也不一定能够让用户满意。

那么，具体应该给予多大的优惠力度呢？很简单，将准备优惠出售的商品陈列出来，推出"你的折扣你做主"活动：用户的每一次单击都会让价格相应降低。也就是说，越多用户单击这件商品，它的优惠幅度就越大。

根据你的盈利需要，你也可以为每件商品设置"底价"，即最低折扣。而在活动中，则要秉持公开透明的原则，让用户看到一次单击能够带来多少优惠，现在的折扣又是多少，从而激发用户参与。

让社群用户直接策划一个完整的活动，在实际操作中存在很大的难度。此时，你可以将一个活动分解成若干个环节，挑选出其中最简单、最有趣的环节，让用户来操作。

7.3　塑造社群产品设计中的用户参与感

在这个小众化和个性化消费崛起的年代，大多数人对 DIY 都有着极强的兴趣。如果自己的 DIY 产品能够获得更多人的认可，无疑他们会极具成就感，那么，你是否可以让用户对你的产品进行 DIY，并放在社群中进行票选呢？

在如今的商业市场中，我们能够看到很多开源的产品，其中最为成功的无疑是谷歌的安卓系统。在全球智能手机系统市场中，安卓系统占据高达半数以上的市场份额。

为何安卓系统能够获得这样的成功，因为基于安卓系统的开源，各个细分市场都能根据自身需求对其进行改善。

比如在国内市场中，根据国内用户的使用习惯，很多厂商都会对安卓系统进行再开发，如小米的 MIUI、魅族的 flyme、华为的 EMUI 等系统。同时，用户使用这些系统时，还具有一定的 DIY 权限。如此一来，安卓系统就能够满足大部分用户的需求。

反观闭源的苹果 ios 系统，虽确实能够避免第三方开发，能让系统体验免于受到损害，但却对产品的设计开发提出了巨大挑战。苹果在设计 ios 系统时，必须考虑全球各个地区、各种文化用户的使用需求。

事实上，"开源"绝不仅仅局限于 IT 和互联网行业。在社群经济下，任何企业都可以尝试产品"开源"。

当你成功激发用户的 DIY 欲望时，用户就会积极参与到这个好玩的活动中，而由用户设计产品本身就是一种有效的激励措施。

在用户根据自身需求进行设计或完善之后，这款新生的产品也更加符合用户的实际需求。

如此设计出来的产品不仅开发成本更低，市场风险也更低。

那么，你应该如何让用户参与到产品设计中呢？

7.3.1 让用户设计产品

让用户直接参与到产品的设计当中，能够极大地调动用户的积极性和创造性，而由用户自主设计出的产品也几乎很难遭遇失败——谁不喜欢自己创造出来的产品呢？

乐高玩具一直位列全球十大玩具厂商之一，可是在 2015 年上半年，乐高却凭借 21 亿美元的销售额，迅速跻身全球玩具厂商首位。为何乐高能够实现如此快速的增长呢？通过对乐高玩具销售额的分析，不难发现，其中 60% 的销售额都是源于玩具模型。

换句话说，大部分玩家之所以选择购买乐高玩具，就是因为看中其模型设计，想要按照设计图拼搭出成品。而这些独具魅力的设计图，正是源自乐高创意平台。

乐高的拼砌玩具伴随着无数孩子的成长，但在拼接这些乐高玩具时，有的玩家只是按图索骥，照着说明书去拼；有的玩家则更喜欢自主设计、独立发挥，制作出独具特色的乐高。

2013 年，乐高推出乐高创意平台。在这个平台上，所有玩家都可以借助"乐高数字设计师"工具，制作自己的乐高玩具设计图，并上传至平台进行展示，其他玩家则可以在线进行投票。根据乐高的规定，如果某个设计的投票数量在一年内超过 1 万票，乐高就会考虑将之作为正式产品推出。

乐高玩具的成功正是源于开源。如果永远只是单纯地按图索骥，玩家总有厌倦的一天；如果创意 DIY 永远只能自己欣赏，玩家也会失去动力。而当两者结合，既能让 DIY 玩家设计独具创意的模型，又能让其他玩家拥有更好玩的模型可玩，乐高自然能够抢占行业第一的宝座。

具体而言，你应该如何将产品的设计"开源"呢？

1. 紧抓产品核心

在实际的开源过程中，你必须紧抓产品的核心部分。何为产品核心呢？如图 7.3-1 所示。

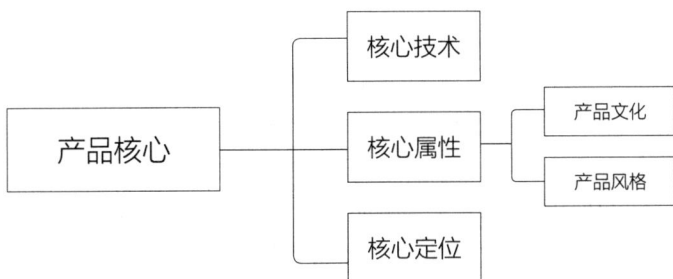

图 7.3-1 产品的核心部分

首先是核心技术。你要保护产品的核心技术。如果盲目将自身的核心技术暴露出去，很可能会面临技术流失的风险。

其次是核心属性。每个产品都有自身的核心属性，如产品文化、产品风格等都是产品的独特标识，如非必要，一旦形成之后，切勿随意更改。

最后是核心定位。定位是应对社群经济的关键，正是基于自身定位，你才能吸引用户，并将用户聚拢成社群。如果核心定位改变，必然会造成用户流失。

2. 开放形象设计

在明确产品的核心之后，你就可以开放权限，而最适合开放的权限，就是产品的形象设计。形象设计即产品的外在属性，如 T 恤的图案、手机的外观、乐高的模型等。

之所以在初期首先将形象设计权限开放，是因为形象设计的技术门槛要求较低，用户能够较为轻松地将自身的创意变成设计。除此之外，形象设计相比其他环节也更加好玩。

为了让更多的用户参与到形象设计中，你可以专门为此开发一个软件，让用户能够通过简单几步操作，就可以完成一个初步的形象设计。

3. 开放技术设计

如今，很多产品都可以被称为技术产品，其开发成本极高，但在开发完成投入市场之前，谁都不敢保证产品能够成功。那么，你可以直接让用户参与到产品的技术设计中以提升成功率。

为了降低设计成本和风险，你可以在社群运营时就营造一种"发烧友文化"，让拥有一定技术基础的用户愿意参与到技术开发中；与此同时，你要不断降低技术门槛，让更多的用户能够轻松参与进来。

国内企业中最深谙此道的无疑是小米。正是依靠一群"发烧友"的协助开发，小米才能在产品推出市场之前就确定产品成功。

当然，基于技术设计本身的高要求，你开放的权限仅限于方案提交或第三方开发。对于用户开发的方案，只有在经过验证之后，才能将其融入自身产品当中。

让用户设计产品并非真的完全放权给用户。由于用户缺乏专业的市场眼光，他们的选择只能代表个体的需求，在最终决策时，你可以将之看作一种方案或灵感来源，但需要结合更多要素综合判断。

7.3.2　让用户设计价格

当产品由用户设计而成时，产品就已经基本能够锁定市场和初具成功元素，然而，当产品开发出来之后，究竟应该以怎样的价格进行销售呢？与其绞尽脑汁定价后却不符合用户期望，不如直接让用户定出他们心中的"社群价"。

1. 给出成本价和大众价

虽然是让用户设计价格，但销售价格毕竟得保证产品盈利。因此，在让用户设定价格时，你可以给出成本价和大众价两个价格。

所谓成本价就是产品开发的成本价格，也就是用户定价的底线，如果突破这个底线，你就无法盈利。至于宣布的成本价与真实的成本价有多大的差额，则要根据市场行情来决定。

所谓大众价则是一般用户购买的价格，也就是对外公布的价格，是用户"谈价"的起点。

2. 设计"谈价"活动

让用户设计价格，当然不是某个用户的"一言堂"或是简单的票选，否则，你的价格很容易被一拉到底，失去了让用户玩起来的意义。

因此，你需要设计独具创意的"谈价"活动，如每次单击降 1 元，或根据投票占比打折等。"谈价"活动的目的在于让更多用户参与到价格的制定中，从而大幅提升用户的参与感。

3. 社群专属、真实

既然称为"社群价"，你就要明确这个价格是社群专属的，而且是真实的。当社群价确定之后，所有在社群价活动之前成为粉丝的人，都能够享受"社群价"的优惠。

具体操作方法也十分简单：在活动之前向所有社群发送活动信息，如"新品定价你做主，你得到了享受社群价的特权，快来定制专属的社群价吧"，然后附上活动链接。如果没有专门的系统，你可以直接让粉丝凭信息截图，享受社群价优惠。

7.4　社群产品口碑塑造的 5 个关键

互联网时代是信息大爆炸的时代，在琳琅满目的信息海洋中，要想脱颖而出，就要让社群的口碑为你开路。

7.4.1　产品使用体验口碑的传播与引导

产品好，谁说了算？你说了不算，用户说了才算，而且只有买过的用户才有话语权。

在消费过程中，对于商家的"王婆卖瓜"用户通常抱以怀疑的态度。但如果其他买过"瓜"的消费者说这个"瓜"好，那么自然可以形成口碑，让"瓜"得到更多用户的认可。

如今，各种电商平台都存在评价系统，其目的正是为了让用户发布使用体验，并以此让其他潜在消费者安心。为了让用户的产品使用体验形成口碑，你需要扩大其影响力。比如激励用户在社交圈评价，或将好评截图用作产品宣传。

对于口碑如何传播，在移动社交时代并非难题。关键在于你如何引导用户给予好评，让你有口碑可传播。

评价与晒图的结合最能彰显评价的真实性，从而赢得用户的信任。因此，在口碑思维下，你必须采取各种手段，鼓励用户评价并晒图。

1. 激励用户好评

有些用户会在消费之后主动对消费、使用的产品进行评价，但这样的用户毕竟不多。因此，你需要给予用户一些刺激，激励他们进行评价。此时，由于文字好评和晒图好评的作用不同，你的激励措施也可以不同。

首先是返现。返现是最常见的激励措施，根据消费者的消费金额，你可以给出一定比例的好评返现，并给予晒图好评更高比例的返现。

其次是红包。返现需要付出大量不可回收的成本，但红包则不同。与返现的形式相同，你可以给予消费者好评红包，供消费者下次消费时使用。

2. 制定好评规则

"刷好评"现象的存在使很多好评无法得到用户的认可，尤其是简单的好评更是如此。因此，在激励消费者给予好评时，你也要对此制定一定的规则。

对于文字好评，你最好制定"好评文字必须 15 字以上"的规则。如此一来，用户不能简单地复制别人的评价，为了凑足 15 字，消费者的好评也会更"有料"。

对于晒图评价，你可以制定图片数量和质量的相关规则。一张图片已经足以证明评价的真实性，但晒图的数量当然越多越好。然而，有些低质量的晒图不仅不会提升口碑，反而会成为"黑料"。因此，对于图片的质量也要有所限制，甚至要与消费者努力协商删除低质量图片。

7.4.2 用户测评

相比于简短的评价加上几张简单的图片，一篇测评文章无疑更具口碑塑造力。其实，在产品宣传时，测评文章是商家的常用手段，而在社群经济时代，相比商家、媒体写的测评文章，用户测评无疑更具可信度。

然而，为了引导口碑塑造，你同样需要引导用户写出"合格的"测评文章。如何引导呢？

1. 发布测评征集活动

为了激励更多的用户创作测评文章，你需要推出测评征集活动，并给出相应的激励。

在活动征集时，你就要规定好测评文章的格式、内容要求，包括文章标题、段落分布、字数要求等，以免用户的测评文章显得不够专业。

此时，你也可以直接给出范文。当然，范文不能是该产品的测评，以免引起用户对该活动的质疑。你可以将以前其他产品的测评内容作为范文，引导用户模仿创作，如图 7.4-1 所示。

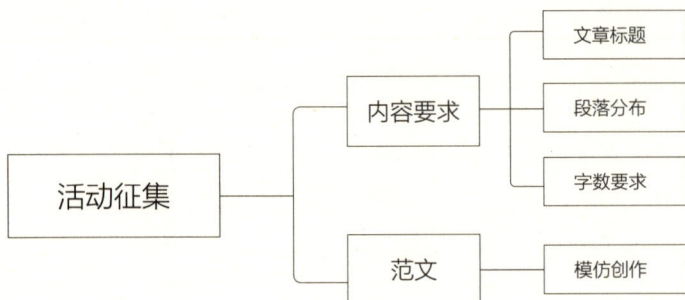

图 7.4-1　发布测评征集活动的注意事项

2. 测评文章格式

在测评营销发展历程中，测评文章已经形成了一套相对固定的格式，一篇合格的测评必然包含以下几个要素。

首段是自我介绍。根据产品属性，测评创作者要在第一段进行相应的自我介绍，如性别、年龄、兴趣等，让阅读者与自身情况进行对比，从而判断该测评是否具有借鉴意义，如图 7.4-2 所示。

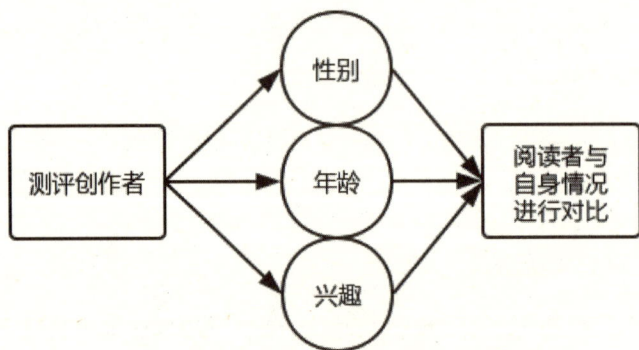

图 7.4-2　测评文章中创作者的自我介绍格式

第二段是产品的基本信息。该段落可以引用商家对产品的介绍，说明产品的尺寸、重量、配置等基本信息，并附上自己的"开箱图"与其进行对比。

主要段落是产品使用体验。根据具体情况，该段落可以从 3 个方面进行描写。

（1）产品第一印象。即看到产品之后的感受。这里不用写得太多，表达出自己的感受即可，可以将该内容看作是评价晒图的升级版。

（2）短期使用体验。短期的时长一般可以限定为 3 天～ 5 天。这里需要写得尽量客观，描写使用环境、具体时长、产品表现和主观感受等。

（3）长期使用体验。针对一些高价值的产品，需要添加长期使用体验部分。该阶段的时长甚至可以拉长到 1 年，因此，一般情况下这部分内容出现得不多。

末段是测评总结。用户可以根据使用体验，在该段落表达自己的满意程度，对产品的优缺点进行简单总结，并给出一些改良意见。与此同时，也可以再对适用人群进行分析，并向读者提出一些建议。

7.4.3 产品改进意见征集

推出的新产品不可避免地会存在各种问题或不足之处，这就需要你在今后做出改进。如果问题严重，甚至可能需要"产品召回"或对用户进行补偿。因此，你必须重视用户的意见尤其是社群用户对产品的意见。这需要你持续征集产品改进意见并建立相应的激励机制，鼓励用户反馈意见。

对于口碑塑造而言，产品改进意见征集存在两方面的意义。

第一，根据用户的意见不断改进产品，能够不断提升产品口碑。

第二，能够虚心接受用户的意见，本身就是品牌口碑的重要组成部分。

想要借助改进意见征集塑造品牌口碑，并没有说起来那么简单。

1. 拓宽反馈渠道

很多商家宣传的是"虚心接受用户意见"，然而，当用户真的有意见想提时，却找不到反馈渠道。意见征集是塑造口碑的重要手段，但反馈渠道的缺乏却可能造成负面口碑的形成。

因此，在征集用户对产品的改进意见时，首先要建立丰富的反馈渠道，比如在微博、微信、QQ、论坛等主流平台上都设定相应的反馈渠道，方便用户随时反馈。

2. 快速准确回应

有些用户好不容易找到反馈的渠道，留下反馈意见之后犹如石沉大海，等不到任何回应，或得到的只是简单一句"感谢您的反馈"就再无下文。延缓、无效的反应也会打消用户的参与热情。

因此，当收到用户的意见之后，你要快速给出回应。

根据用户的改进意见，如果产品中已有解决方案，你要引导用户发现；如果没有，则要快速出台解决方案。

如果确实存在某些不足就要快速解决；如果解决存在困难，就要及时做出解释。

如果存在不足且能够解决，那就要虚心采纳意见，告知用户会在今后做出改进，如图 7.4-3 所示。

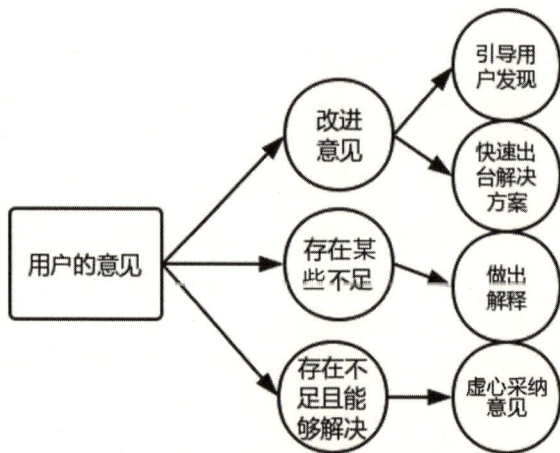

图 7.4-3　用户的意见要快速准确回应

7.4.4　产品设计参与

塑造产品口碑的最佳方式就是直接让用户参与到产品设计中，正如前文所说"谁不喜欢自己创造的产品呢？"如果产品设计中有用户的参与，即使存在一定缺陷，他们也会表现得更加包容。

与此同时，当用户参与到产品设计中时，用户也会主动对产品进行宣传，因为在宣传时，他们可以自豪地加上一句："产品的某部分是我设计的，怎么样？不错吧！"

用户基于参与产品设计产生的成就感，你需要将之放大，让其成为用户主动塑造产品和品牌口碑的动力。

1. 署名权

针对那些确实对产品设计做出贡献的用户，你可以将他们的名字放在产品的设计名单中，进一步提升用户的成就感，并让他们的宣传有凭有据。

2. 命名权

对于在产品设计中有突出贡献的用户，你甚至可以将产品的命名权交给他。基于命名权带来的荣誉感，用户对产品的感情演变为"父子之情"。此时，对于产品的口碑塑造，他们甚至会比你更卖力。

7.4.5　新媒体口碑

在互联网时代尤其是移动社交时代，想要尽快塑造口碑，与其寄希望于传统的大众媒体，不如发力于新媒体，尤其是自媒体。

社交平台让人们的信息获取来源不再局限于电视、报刊等传统媒介。如今，每个人都可以成为一个独立的信息来源。这就是所谓的自媒体。2016 年年初，自媒体也进入爆发期。

此时，你可以依靠自媒体塑造口碑。

1. 微信公众号

自媒体的一大重要平台，无疑是微信公众号，凭借深入互动的特性，微信公众号在与用户的互动中更具优势。因此，你可以寻找合适的微信公众号合作，让他们在文章中帮你塑造口碑。

2. 微博自媒体

相比以互动制胜的微信公众号，微博自媒体的传播性更强。由于微博自媒体本身就存在某种"同盟关系"，在选择与微博自媒体合作时，你可以通过关联多个微博自媒体对目标用户进行精准覆盖，实现口碑的广泛传播。

7.5 社群运营与管理的参与感植入策略

你可以让用户参与到活动中获取乐趣；也可以让用户参与到产品设计中获得成就感；还可以激励用户参与到口碑塑造中。除此之外，最具参与感的，其实是让用户直接参与到社群的运营和管理中。

社群的运营与管理是一项极为复杂的工作，需要群主付出大量精力。对品牌而言，在初期亲自运营社群当然可行，但随着用户规模的扩大，与其培养大量的专业运营团队，不如让用户自己参与到社群的运营与管理中。

比如，唐家三少作为一位网文作家，其2015年年收入高达4 300万元，唐家三少也连续两年入选福布斯中国名人榜。

谈及自身的成功，唐家三少也多次提及社群。在他看来，正是因为社群，作者的重要信息、资讯等可以快速、精准地告知社群用户，社群用户反过来也能够借此给作者直接的支持。

但在谈及社群如何运营时，他也坦言："我有自己的QQ群、微信平台，还包括贴吧，这些我自己一个人肯定管理不过来，都是读者自发地进行管理。这么多年下来，大家自发地负责掌控秩序，比较核心的读者跟我都是比较熟悉的。当然，有些东西也是我自己来做，但是我不可能做全部，因为我还要写东西。"

唐家三少的经验，正是让用户参与社群运营与管理的最佳方法。总结而言，其实就是以下3点。

7.5.1 掌握核心用户

在社群运营中，作为企业或品牌，你不可能完全将社群交到用户手中，因为这可能丧失品牌对用户的影响力。因此，为了避免在社群运营中投入过多精力，你可以尽力掌握核心用户并与其建立良好的互动关系。

如果在你的社群中，你谁都不认识，那你就很难让用户信服：你多半只能成为高高在上的被崇拜者。这就失去了社群运营的本意。

因此，在社群运营中，你可以为核心用户建立一个核心社群，与他们保持持续的互动。

7.5.2 参与社群运营

在与核心用户建立持续的互动关系之后，你就可以培育他们成为独当一面的"斗士"，让他们成为其他社群的管理者。为了激发更多用户的参与感，你可以鼓励"斗士"们培育"二级斗士"，让其他用户帮忙处理社群事务，而这些"二级斗士"也是你社群扩大时的"斗士"候选。

当你将社群交由"斗士"运营时，就应当学会放权，让他们自主管理。你要做的只是聚拢核心用户，传达社群文化，引导社群话题。至于具体如何去做，可以交给用户们自己决定。

在让用户自主运营和管理社群时，你最好参与到所有的社群当中。在这些社群中，你不必保证"出勤率"，但也不能成为隐形人。在恰当的时机，或是空闲的时候，你也应当出现，与所有用户进行平等交流。

7.5.3 集中精力创作

社群运营的核心其实并不在于管理者，而在于你的产品。只要你能够持续生产出优质的产品，用户就能够保持对你的支持。而基于这种支持，即使社群管理者管理社群"不专业"，社群用户也能够自觉聚拢在一起。

然而，如果你将精力都投入到社群运营中，却一直没有新产品出现，那么，这个社群也就只能成为一个纯粹的聊天群。对于聊天群而言，这些用户聚集的基础是你的产品，同样，他们也会因为产品的缺失而放弃，社群仍然会走向沉寂，你也无法获得社群的效益。

社群的运营与管理说难也难，说容易也容易。你可以聘请专业团队进行管理，也可以直接交给用户去做。其实，社群成功的关键就在于你的产品。如果没有优质产品作为支撑，纵使有顶尖的团队负责社群运营，也难以达到好的效果。

第 8 章

社群品牌化：
给社群一个体面的"门脸"

社群要长远发展，就要有品牌意识。让社群具备品牌化特征，能提高社群的识别度，提升社群的感召力。

8.1　社群标识与用户标签品牌化

随着越来越多的人开始关注社群的力量，我国的社群实际上已经进入3.0时代。

社群1.0时代以人群聚集、信息互通与传递为核心目的，传播方式主要是文字和图片。

社群2.0时代则淡化了"陌生人"概念，引导一群有共同爱好的人聚集在一起，逐渐形成社群文化。这使得用户的归属感增强。

当下正是社群3.0时代，社群将"连接一切"作为目的，不仅仅是人的聚合，更容纳了各类信息、服务等内容的聚合，成为一个庞大的载体。

当你想要玩转社群经济时，就应当明白，连接一切并不是那么容易就能做到的，用户只愿意被品牌连接，也只有品牌才能与一切实现对接。那么，你该如何开始社群品牌化之路呢？

你的第一步就应当落在社群标识与用户标签的品牌化。

8.1.1　给社群一个精准定位

社群越发成为一个包罗万象的概念，然而，这并不表示社群就是一个大杂烩，在包罗万象的核心，必然需要一个明确而精准的定位。只有以此为核心进行辐射，你的社群才能连接一切。

那么，如何给社群一个精准定位呢？你需要从建群动机和加群动机两方面进行分析。

1. 建群动机

总结而言，群主之所以要建群，不外乎以下 4 个动机，如图 8.1-1 所示。

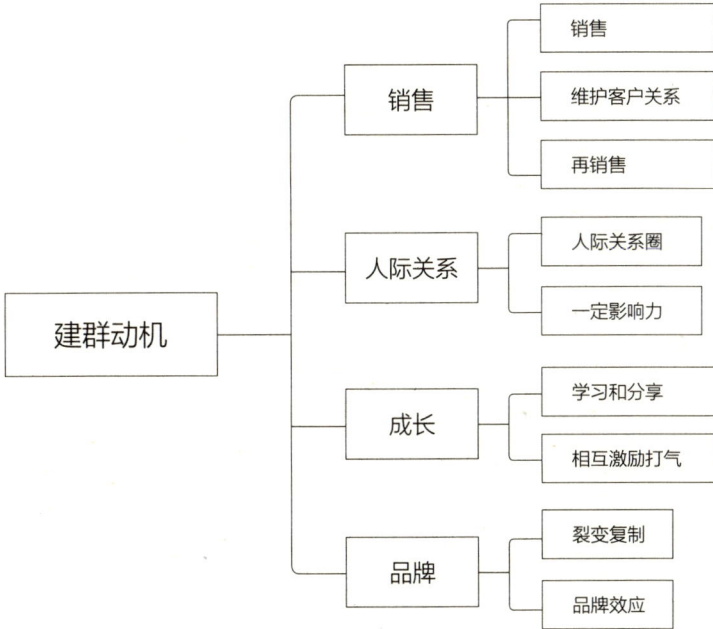

图 8.1-1 群主建群的 4 个动机

（1）销售

销售是最直接的建群动机，也是大多数社群的建立初衷。群主会以分享经验、交流互动的名义吸引用户入群，并以各种方式推销自身的产品或服务。与此同时，群主也能借助社群维护客户关系，实现再销售。

（2）人际关系

无论是基于兴趣还是交友，社交的本质都是一个构建人际关系圈的过程，尤其对很多职场人士而言更是如此。此时，群主作为一个非正式组织的负责人，能够逐渐转变为一段非正式关系中的连接人，在线上或线下获得一定影响力。

（3）成长

有部分性质十分纯粹的社群，其建群动机就是成长，群友聚集在一起学习和分享，形成一个网络学习的小"圈子"。这种社群的根本目的其实并非分享学习经验，而在于找到一群志同道合的学习者，获取同伴经验，相互激励打气，最典型的就是考研群。

（4）品牌

社群的一大特点就在于能够快速裂变复制，这对于品牌的塑造和扩张而言无疑具有巨大效用。尤其是基于缺乏真实接触的互联网，新入群的群友往往会不断夸大群主的能量，进而形成社群内的群主崇拜氛围。此时，群主再借助激励、内容、活动等手段，就能让群友认同某种社群身份，最终形成品牌效应。

2. 入群动机

相比于建群动机，入群动机则可以被简单地分为6种。

第一，联络需要。如家人、同学、同事之间，社群可以让大家保持联系。

第二，工作需要。对内用于信息的传达，对外则用于客户服务。

第三，交友需要。即找到兴趣相同、身份认同、同行、同城好友的需要。

第四，学习需要。为了寻求更加专业的人士的帮助。

第五，宣传需要。宣传自身或公司、产品、服务等。

第六，生活需要。因为聚会、旅游等需要临时组成的"圈子"。

3. 精准定位

当你了解了建群和入群动机之后，该如何精准定位社群属性呢？

首先，明确你建群的根本目的。是维护用户关系，还是促进销量提升，或是提升品牌效应？

其次，分析目标用户的入群动机。他们究竟最需要什么？是工作、学习还是交友？

最后，根据用户的需要，结合这两点对你的社群进行包装，借此吸引用户入群之后，再通过不断的运营，实现你的建群目标。

社群的精准定位并非只是定位你的需求，也不单纯是定位用户的需求，而是两者的结合。

8.1.2 社群标识与 LOGO 设计

正如品牌都有自己的标识或 LOGO 一样，如果你想让社群品牌化，就必须为社群设计专属的标识与 LOGO，让你的社群区别于其他社群。

1. 社群标识

所谓社群标识，你可以将之理解为社群标签，这些标签能够彰显社群的独特性，也能够提升社群的辨识度。

在汽车上，我们总能看到各种字母标识，如 TSI、TDI、CGI，奥迪的"壁虎"，大众的 GTI 等，这些标识实际上代表着发动机技术，或动力模式，或驱动形式。

对大多数人而言，这只是一个无意义的标签；对于懂行的人来说，这些标识实际上却有着"身份的象征"。

在设计社群标识时，你需要紧贴社群定位，挖掘自身独特的标签属性，并将之打造为标识。简单来说，就是找到自身的差异化定位，并以简洁的方式将之标记出来。

比如都是美妆群，你的社群有什么特别的地方呢？如果你是靠清洁毛孔技术取胜，就可以设计一个类似 DPC 的标识，也就是 Deep Pore Cleanser（深层毛孔清洁）。

在设计社群标识时，你无须在意群友能否立刻看懂，因为你可以慢慢向群友解释。虽然如此，在设计社群标识时，也要切忌设计出自己都不明所以的标识。

社群标识具有辨识度的同时，也要具有内涵。这样一来，你才能在向群友解释的过程中塑造品牌形象，并给予群友对外炫耀的谈资。

2. 社群 LOGO

正如大多数品牌、产品都有自己的 LOGO 一样，你的社群也要拥有专属的 LOGO，并将之作为社群头像和社群活动时的"勋章"。

很多企业会直接将品牌 LOGO 作为社群 LOGO。这样的做法确实省事，但由于品牌 LOGO 和社群 LOGO 的设计目的不同，直接采用可能无法实现预计的效果，也无法彰显社群的特殊性。

社群 LOGO 要如何设计呢？相比传统的 LOGO 设计，社群 LOGO 设计又有何特别之处呢？

1. 尽量使用矢量图

所谓矢量图，简单来说，就是由线条和色块组成的图案。之所以尽量使用矢量图，则是因为在缩放时，矢量图可以实现无损。当 LOGO 作为社群头像时，必然会因为手机尺寸问题被缩放，矢量图能够确保其清晰度和观赏性。

2. 融入社交元素

既然是社群 LOGO，就要尽量在其中融入社交元素。最简单的方法就是在 LOGO 中融入"人"的简笔形象，或是以圆形表现聚合的概念。当然，最佳的方法则是根据社群定位进行特别的设计。

3. 结合品牌 LOGO

直接使用品牌 LOGO，无法展现社群的特殊性，也无法结合社群的内涵。此时，你可以结合品牌 LOGO 对其进行改造，使其在适应社群品牌化的需要的同时也能够与品牌产生关联。一般而言，"萌化"是比较常用的改造方法。

8.1.3　如何给用户特殊的标签

给社群特殊的标识，能够强化用户的身份认同，并逐渐形成社群品牌。但这样的过程较为漫长，为了进一步推动社群品牌化，在给社群特殊标签的同时，也要给用户特殊的标签。

让用户感受到作为社群成员的特殊待遇，他们才会主动宣传社群品牌，图 8.1-2 所示为可提供给用户的一些特殊待遇。

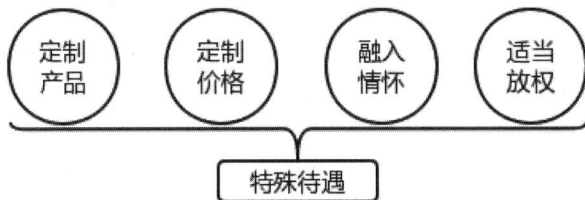

图 8.1-2　让用户感受到作为社群成员的特殊待遇

1. 定制产品

你可以为社群定制产品，设计一种社群专属的限量版产品，从而以实物为用户添加标签。最简单的方法就是为用户设计专属挂饰，专属挂饰既容易设计，成本又低，且适用性强。当然，你也可以对主营产品进行改造，将之作为社群的专属产品。

2. 定制价格

定制产品需要投入一定的设计成本，而定制价格则更为简单和直接。你可以直接推出社群专属价，让用户以更加优惠的价格购买产品，从而以价格为用户添加标签。

需要注意的是，这种方法并不适合高端产品，因为此类产品的用户对价格并不敏感。

3. 融入情怀

罗永浩是如何做手机的？简单两个字，情怀。因为用户喜欢、支持罗永浩，因此他们在这种情怀下，愿意支持锤子手机。

在社群运营时，你必须努力塑造出一种情怀，而这种情怀则需要通过你的产品具象化。情怀不仅能够提高你的产品附加值，更关键的在于，它能够形成天然的社群区隔，吸引更多的用户加入并沉淀于此，且同类社群难以在其中"打鱼"。

4. 适当放权

什么样的标签最为特殊？那就是主人翁的标签。适当放权，让用户参与到社群的运营当中，他们就会产生主人翁的意识，并将你的社群看作"我的社群"，从而让社群在用户眼中更加特殊。

8.1.4 如何让用户感到骄傲

社群必须能够让用户感到骄傲，用户才能认可社群品牌。否则，即使社群中有用户需要的东西，他们也不愿意去宣传。其实，这就是一个让用户获得身份情感认同的过程。

比如苹果本身营造出的高端形象，即使"果粉"并没有得到苹果的特殊关照，他们仍然愿意主动传播和参与。而这样的用户支持又进一步帮助苹果塑造起高端的品牌形象。

社群在品牌化过程中同样需要让用户产生这种骄傲。

1. 拥有格调

"有人格，还要有格调，这是社群经济时代的最高境界。"

这句话是社群经济的一句至理名言。所谓格调，用最简单的语言来解释就是"具备炫耀的资格"。

社群品牌化的过程，某种意义上就是让社群具有更高格调的过程。不断塑造并提升社群的格调，让用户能够凭借其社群成员的身份对外炫耀，是社群品牌化的必由之路。

2. 塑造个性

在小众化与个性化消费崛起的今天，拥有格调的同时也要塑造个性。

事实上，在苹果逐渐成为"街机"的今天，部分消费者也在追求更具个性化的同级产品，遗憾的是市场还未能满足这一需求。

想让用户感到骄傲，社群同样需要塑造个性，让用户感受到满大街都用苹果，我用的是"香蕉"，而且我的"香蕉"同样很有格调。

如何塑造个性呢？方法如图 8.1-3 所示。

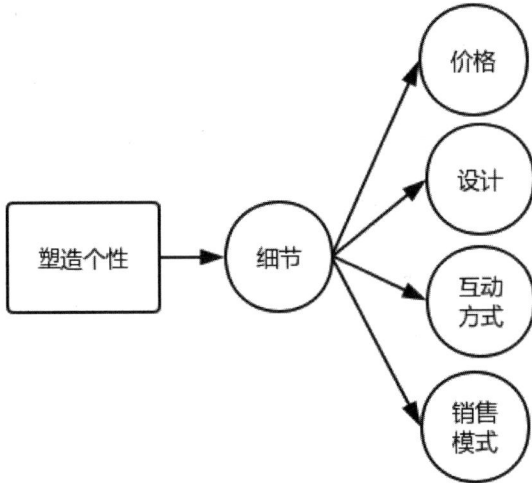

图 8.1-3 塑造个性的方法

你并不需要将整个社群打造得非常特别，事实上，你只需要改变一个很小的细节，或是价格，或是设计，或是互动方式，或是销售模式……只要让用户感觉新奇而且"高端"，用户就会认可你的"个性"。

8.1.5 如何引导用户参与和思考

社群想要形成自己的品牌，并让该品牌具有持久的生命力，就一定要具备特定的内涵。这样的内涵并非源于你的单向分享，而是要引导用户都参与进来，并主动思考，在社群内的"头脑风暴"中进行思想碰撞，塑造真正的品牌内涵。

想要让社群品牌化，就离不开一个深刻的内涵。无论是罗辑思维的"知识分子"还是小米的"发烧友"，均是如此。如果社群里只有利益与情怀，用户迟早会有觉得腻了的一天。

1. 引导用户参与思考

在社群品牌化的过程中，你必须引导用户参与到思考当中。

首先，你要定期提出问题，比如怎么化妆更好看；或是举办一次讨论会，如新春潮流讨论会等。

其次，你要保证用户对该问题感兴趣，而且该问题能够与社群主题相结合。

最后，你要激励用户参与到讨论当中，具体而言，可以采取参与有奖、意见采纳有奖等激励方式。

2. 引导用户学会思考

没有一个品牌愿意自己的用户只会说"好好好"，因为这恰恰证明了用户不动脑子，只是一般的用户罢了。因此，在引导用户参与的同时，你还要引导用户学会思考。

为此，你必须为社群引入思考者的角色，使其为社群带来具有深度的内容。同时，思考者要在与用户的日常交流中详细解读内容内涵，甚至是解说自身的思考逻辑，从而在言传身教中潜移默化地引导用户学会思考。

只有让用户拥有"思考"的标签，他们才会在与他人交流时，大方地谈起品牌并理智地解读品牌，而不是除了会说品牌好之外，根本无法解释品牌到底能够为用户带来什么。

8.2　社群文化的品牌化战略

在社群运营中，有一个名词不得不提，那就是亚文化。在过去，亚文化的代名词就是"非主流"，但随着移动社交网络的发展，人与人之间的沟通成本极大下降，各类人群都可以迅速聚集形成社群。而在这样的社群当中，也会诞生出其专属的社群文化。

社群如果能够形成自身的文化，那么，对内将具有更强的聚合能力，对外则有着文化输出的能力。

因此，在社群进行品牌化时，你必须建立起社群文化的品牌化战略。

8.2.1　建立群体化认知

一个社群的聚集必然是基于成员内部的某种共性，但这种共性往往是相对抽象的，它虽然能成为用户入群的理由，却难以形成一种群体化的认知。

因此，在社群运营的过程中，你就要通过各种具体事件，塑造社群内的文化氛围，让每个用户以社群成员的身份参与其中，从而建立群体化认知。

最普遍的方法就是，在平时，意见"大咖"需要有意识地引导话题，基于社群文化属性，讨论相关的热门事件或分享相关的资讯教程。

这些内容本身就具有一定的吸引力，而通过引导则能让用户对其中的内涵进行多次消费，最终形成一种只存在于社群内部的"集体性记忆"。在不断地重复和强调中，群内用户的默契程度也会不断上升，用户对社群的好感度也会逐步增加。

提升社群内用户默契程度和好感度的方法如图 8.2-1 所示。

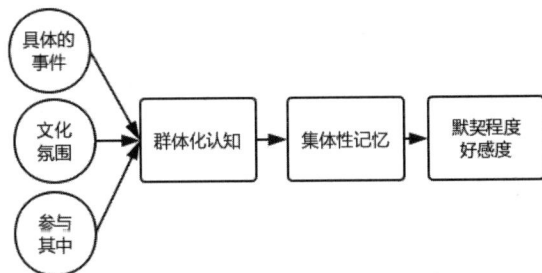

图 8.2-1　提升社群内用户默契程度和好感度的方法

8.2.2　塑造梯度化内容

群体化认知的建立，事实上就是为社群建立一种文化壁垒。然而，这在塑造社群文化品牌的同时，也提高了社群的准入门槛。

对于新入群的成员而言，想要适应这种文化氛围，通常需要付出较高的成本。正是因此，很多社群会面临这样的尴尬：老群友们在群里交流得很开心，但新群友却很难插上话，导致新群友最终屏蔽甚至退出社群。

因此，在建立社群文化的品牌化战略时，要避免一维的文化元素，而要通过多维运营塑造梯度化的内容，给予用户更多消费选择。新入群的成员能够迅速找到符合自身的梯度，从而融入社群文化氛围，而不至于被已经成熟的社群文化拒之门外。

比如，在如今的视频网站上尤其是在二次元社群中，盛行着弹幕文化。弹幕能够让观众通过视频与所有观众进行互动，然而，对于一个刚刚进入二次元社群的人而言，让他们创作合适的弹幕十分困难。

此时，你可以在弹幕互动文化中增添弹幕欣赏文化。借助视频内容本身吸引用户，同时并以不影响视频观看的方式展示其他用户创作的弹幕。

新用户在不断观看的过程中会逐渐理解弹幕文化，并参与到弹幕文化的互动中，进而融入二次元社群。

8.2.3　创造社群专用词

一个成功的社群往往有着自身的语言符号体系，在这个社群中，你看到的语言符号，并非你理解的含义。有些词汇甚至是社群的独创词汇，初次见到时你甚至无法理解其内涵。

常见的如"宅"等词汇，都是曾经的社群专用词，只是在社群文化的不断输出中最终成为现实世界的常用词。

除此之外，在网络中还有一些数字符号，如"233""6666"，简单的几个数字，却表达着特殊的含义。

前者源自猫扑社群，因为在猫扑中，大笑表情的代码正是"233"，在逐渐普及使用中，"233"也成为社群中大笑的代名词。

后者则是源自"英雄联盟"，由于竞技游戏需要精神高度集中，玩家在游戏中没有太多时间打字，因此，就采用"牛"的谐音，以"6"表达对玩家技术的赞赏。

在各种社群文化环境下，基于社群内部的交流需要，都会生成类似的专用词。因此，在打造社群文化的品牌化战略时，你要有意识地引导专用词的诞生和普及。专用词的诞生需要全体用户的共同创意，而你要对其进行选择，选择那些易于传播、符合社群文化的词汇，主动使用以表达认可。

8.3　如何培植明星化用户

在社群中，你可以做"网红"，可以做自媒体，也可以做明星……那么，社群用户本身是否可以做明星呢？

答案是肯定的。而且，明星化用户对社群品牌化而言，更是意义非凡。

在娱乐行业，很多少女都有一个"明星梦"，站在舞台上唱歌就是她们共同的梦想。日本的 AKB48 正是这样一个群体，作为一个女子偶像组合，听起来，AKB48 就像是一般的女子乐团。

然而，AKB48 除了日本团体之外，还拥有众多姐妹团，如中国的 SNH48、BEJ48 等，其总人数已经超过 450 人，这些人又各有各的特色，以不同的方式实现了少女们的"明星梦"。因此，与其说 AKB48 是一个偶像组合，不如说是一个女子偶像社群。

这个社群囊括了诸多拥有"明星梦"的少女，而团体的正式成员正是这个社群中的明星化用户。她们除了为社群代言吸引外部用户之外，也激励着其他怀揣"明星梦"的少女继续努力。

正如 AKB48 一样，当你的社群中出现明星化用户时，他们不仅能够凭借自身魅力为社群代言，塑造社群品牌，也能够激励群友进一步融入社群当中，成为社群里的另一个明星。

那么，如何培植明星化用户呢？

8.3.1　培植中层意见"大咖"

在社群品牌化的过程中，意见"大咖"的角色必不可少。作为群主和企业主，你是天然的意见"大咖"，但基于你在现实中的地位以及时间、精力的限制，你很难与用户保持实时沟通。因此，你只适合做社群顶层的意见"大咖"，而中层管理者则需要由他人担当。

此时，你可以聘请专业的社群运营团队担任社群的中层意见"大咖"，但这样的操作成本较高，而且，这些外聘团队要融入社群内部也需要一段时间。

与其如此费力不讨好，不如直接在用户中培植中层意见"大咖"。这也是培植明星化用户的第一步。

在知乎的社群运营中，随着社群规模的不断扩大，知乎的话题广场内容也愈发丰富。在话题广场，你可以看到互联网、游戏、电影、艺术等各个"大类"，与此同时，你也可以找到各种"小类"话题。

比如，仅在游戏"大类"下，你就可以发现诸多"小类"话题，如单机、网游、手游、页游；如游戏开发、游戏设计、游戏策划、游戏运营；如 Android 游戏、ios 游戏、Windows 游戏、Xbox 游戏……

而在这每个小类中，你都可以找到其中的意见"大咖"，并与他们进行深层互动和沟通。

在培植中层意见"大咖"时，你同样可以借鉴以下方法。

1. 深度细分，多点开花

中层意见"大咖"并不具有唯一性，在培植中层意见"大咖"时，你首先要根据社群文化对社群主题进行深度细分。如美妆群的主题可分为化妆品、化妆技术、最新资讯等。

将大主题分割成多个小主题的同时，也要对意见"大咖"进行职能细分，具体可划分成分享、互动、组织等多个职能，如图 8.3-1 所示。

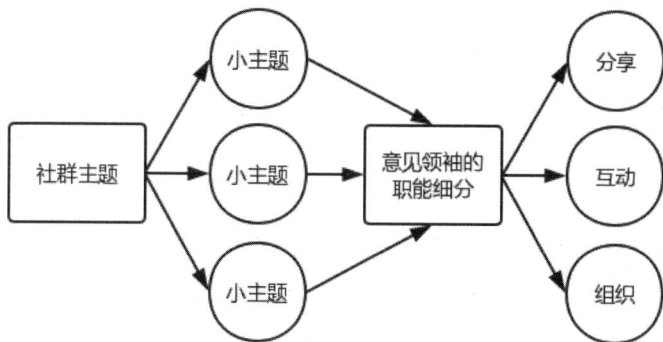

图 8.3-1　深度细分社群主题

正如知乎话题的细分一样，将社群分成各个小块，再填充进中层意见"大咖"，让其协同发挥效用。

2. 大力挖掘，主动招募

在用户的日常交流中，一些有意见"大咖"潜质的人才自然会脱颖而出。但很多群主也会抱怨："我的群里怎么没有这样的人才？"

其实，在一个千人级的社群中想要找出 10 个中层意见"大咖"并非难事。关键在于你要用何种方式挖掘出这样的人才。具体而言，可以在日常互动、社群活动中发现人才，与此同时，你也要表达"广纳贤才"的意向，让人才毛遂自荐。

3. 用心培植，人尽其能

挖掘到人才之后，由于各自的背景不同，你也不能让他们直接"上岗"。你需要先对其进行"岗前培训"，在培养其专业技能的同时，对其灌输社群文化及责任感，让其能够成为称职的意见"大咖"。另外，你也要设定激励机制，激发他们的激情，并在社群运营中对他们表现出支持，让其具有社群影响力。

当你将社群进行深度细分之后，你可能无法找到足够数量的意见"大咖"，覆盖全部区域。因此，对于培植出的意见"大咖"，你可以不断开发其潜能，让其担起更多的责任。

8.3.2　培植明星化用户

中层意见"大咖"可以看作社群内部的明星，但这样的明星还无法担当代言社群品牌的角色。正如在AKB48的选拔中，你选出了48个会唱歌的少女，但真正能够培植成明星的却只有24人。

此时，我们不妨看看电视台是如何运营的。

遍观国内各大卫视，即使是最火爆之一的湖南卫视，也没有多少人知道其台长的名字。然而，对于湖南卫视的各大主持人很多人却如数家珍，如"快乐家族"的何炅、谢娜，如"天天兄弟"的汪涵、钱枫等。

这正是得益于主持人明星化的策略：湖南卫视在选拔出合适的主持人之后，会根据其个人特质对其进行外形包装，并为他量身打造合适的电视节目。在主持人与节目的激情碰撞中，培植出该节目、该频道甚至是该电视台的代言人，这也让湖南卫视成为国内最具品牌效应的卫视品牌之一。

那么，对于培植出来的中层意见"大咖"，社群又该如何进一步将其培植成明星化用户呢？

1. 以社群文化包装

在培植中层意见"大咖"时，你已经对其进行过一定的社群文化灌输。然而，对于明星化用户而言，这还不够，还要进一步对其进行文化包装。只有如此，明星化用户才能推动社群的品牌化。湖南卫视的年轻化品牌正是基于每个主持人的文化展现。

具体而言，在培植明星化用户之前，你必须对其进行专业的培训。正如所有艺人都会经过艺人培训一样，你需要根据自身的社群文化对其进行有针对性的培训。

此时，仅仅是线上培训已经不够，你还要在线下与其直接接触，甚至是直接以培训班的形式设计出一套完整的培训课程，在培育其明星技能的同时，还要以社群文化对其进行全方位的包装。

2. 靠个人特色制胜

每个人都有各自的特色，正如在 AKB48 中，每个少女都拥有着不同的明星梦一样，湖南卫视的主持人也各有特征。在培植明星化用户时，你也要根据其个人特色为其"量体裁衣"。

比如，你的社群文化或许很专业化，但也不必将所有明星化用户都塑造成"老学究"的专家形象。根据明星化用户的个人特质，基于社群文化，你同样可以塑造出其他形象，如迎合潮流的"极客"形象，或是洒脱随性的"另类"专家，以迎合不同用户群的价值观取向。

3. 借社群活动推广

明星化用户的培植离不开各类活动的推广。正如明星经常参加发布会、客串电影或加盟综艺一样，在培植明星化用户时，你同样需要让其参加更多的社群活动，在增加曝光的同时，检验其是否符合明星化用户的要求。

在社群组织的各种线上线下活动中，你要尽量让明星化用户"露脸"，甚至是让其担任主持人、嘉宾等重要角色，通过活动不断积累明星化用户的人气，借助明星化用户传播社群品牌，从而进一步吸引用户。

与此同时，你还要通过各大平台，对明星化用户的效能进行检验，并采集市场、社群对他们的意见，做到有则改之无则加勉。

8.4 产品发布会的档次感与个性化

在传统商业模式中，产品发布会是不可忽视的组成部分，为了让产品以更加高端的形式登场，各种产品发布会开始选择在人民大会堂举办，有些发布会甚至被打造成一出晚会。

对于企业而言，产品发布会成功与否关系到产品的未来销售，甚至关系到企业品牌的塑造和维护。然而，对于中小微企业而言，一场"高档次"的产品发布会所需成本实在太过高昂。

事实上，在社群经济时代，在移动社交网络中，一出高档、个性的产品发布会有太多的举办方式，你可以随意选择，而无须一味砸钱。

8.4.1 切勿让"档次"喧宾夺主

一次高档次的产品发布会既能够制造话题、吸引目光，为产品销售助力，也能够塑造出品牌的档次感。然而，很多品牌却本末倒置，将精力全部投入到"档次"中，显得过于"不分主次"。

你必须明白，产品发布会的档次是为产品服务的，如果只会做发布会，却不会做产品，那无疑只是不够专业，投入再多也没有多少效益。

1. 高档次的产品是核心

发布会究竟有无档次感，核心仍然在于发布会的主题——产品。

你的发布会档次必须与你的产品档次相匹配，不然发布会看起来很好看，但对于产品销售、品牌塑造却毫无益处，反而会起到负面作用。

2. 高档次体现在细节

高档次的发布会并非只包括高档地点、高档设计，而是体现在每个细节当中。否则，发布会就像是炫耀，毫无内涵可言。

在设计发布会的过程中，对发布会现场的每个细节如场地、布景、舞台、道具、

PPT 等，都要注意。

而在发布会的传播环节如嘉宾的邀请、赞助商的选择、传播渠道的侧重，也都要符合发布会的档次要求。

另外，发布会的主持人一般都是企业主本人，基于发布会的直播环境，你也要多多彩排，以免发生意外。

比如，在 2015 年 8 月的坚果手机发布会上，整个发布会的现场都设计得极具科技感。然而，在用户的苦苦等待中，罗永浩却让发布会迟了半个多小时才开场，而登场后的罗永浩也显得异常慌乱。

而随着罗永浩演讲的开始，大屏幕上的 Keynote 也开始逐页翻动。此时，用户们也大概明白了罗永浩为何会如此慌乱。因为整个 Keynote 不仅效果粗糙甚至还有错别字。

整场发布会由场地塑造出的档次感也因此荡然无存。

8.4.2 借助个性化塑造社群品牌

想要塑造社群品牌，你要把产品发布会玩出不同的花样。档次感符合大众的追求，同时也要以个性化满足社群用户的诉求。

1. 打造"社群专属"发布会

忠实用户是社群的中坚力量，他们的支持是社群品牌化的关键。而要让用户主动帮助社群塑造品牌，单纯的线上交流已经无法满足其需求。在产品发布会个性化的过程中，你可以直接邀请忠实用户参与进来，提升用户的"专属特征"，激励他们成为忠实用户，进而帮助塑造社群品牌。

以小米为例，一年一度的新品发布会，谁可以走进现场？自然是从这些忠实用户中进行选择。而当这些忠实用户顺利进入发布会现场之时，他们又会将这份骄傲和自豪向外扩散，引发其他用户的羡慕。结果，整个社群的用户都会"躁动"起来，也想拥有这样的特权。

所以，在产品发布会中，你要为忠实用户留出专有席位。邀请用户参加，让用户有更近距离的美好体验，从而成为品牌的忠实用户。与此同时，借助用户的热情支持，也能增强发布会氛围，如图8.4-1所示。

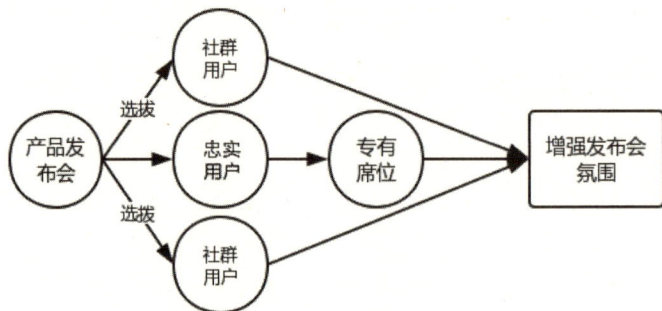

图 8.4-1　发布会也要个性化

2.让明星化用户参与

明星化用户对内拥有社群用户的认可，对外又有品牌代言的效应。产品发布会也是最适合他们曝光的平台，而有明星化用户参与的产品发布会无疑更能调动社群的热情。

根据发布会需要以及明星化用户的"专业素养"，你可以安排明星化用户作为主持人、嘉宾或其他角色在发布会中出现。

3.借助直播平台传播

作为移动社交时代的一员，绝对不能放弃利用直播平台进行传播。在产品发布会上，你同样可以借助直播平台让所有用户共同感受现场的氛围，甚至是在发布会现场，与观看直播的用户进行互动。

8.5　先做社群忠诚度，再做社群知名度

过去，企业为扩大知名度可谓费尽心思，在媒体上投放广告、散发宣传单页、

进行电话推销等，这些传统的营销手段不仅成本巨大，还收效甚微。渐渐地，一些企业开始懂得二八法则的道理，即 20% 的忠诚客户转化 80% 的收入。

到了社群经济时代，在社群运营中，很多人同样会掉进追求知名度的陷阱。社群运营者必须明白：十个人知道不如一个人喜欢；因为那个喜欢的人会主动将你的社群传播给十个人……在这样的传播中，社群知名度自然能够提高。

8.5.1　10 个人知道不如 1 个人喜欢

社群经济成功的关键就在于让用户加入社群，并将其培养为忠实用户。在他们的全力支持下，你就可以专心做社群的服务者，从而持续提升社群体验，最终形成一个有价值的社群品牌。

因此，在社群品牌化的过程中，你的关注点必然要集中在"让一个人喜欢"上，这是整个社群运营的第 1 步，只有走好这一步，你才能顺势前行。

1. 没有优质的体验，谁都不会喜欢

想要让用户喜欢，你首先要以优质的社群体验满足他们的迫切需求，不然一切都是空谈。

罗振宇能够玩转社群营销，主要是因为他的节目有足够的吸引力；小米能拥有大量"米粉"，其手机性能过硬非常关键；苹果利用社群经济扩大影响力，是因为其产品"够酷"，令"果粉"们折服……

社群之所以能够即刻引爆传播，正是因为企业有让其用户尖叫的产品或服务。社群品牌化也同样如此，想要让用户喜欢你的社群，无外乎 3 个方向：优质的产品、一流的服务、过硬的内容。

2. 价值观趋同，用户才会真心认可

除了提供优质的产品和服务，社群和用户还要保持相同的价值观，社群就是基于这个现实建立起来的。

在获得用户忠诚时，你同样需要抓住用户的价值观趋向，并以此为基础做到

极致，从而赢得用户的真心认可。

3. 搭建沟通平台，让用户深刻体会

沟通是社群的主题，品牌与用户之间尤其要注重沟通。

首先，用户在使用产品或者接受服务后，需要有一个倾诉的平台；其次，通过沟通能够了解用户的更多需求；最重要的是，从用户的评价里，企业会发现自身不足，便于完善自己。

以社群为主题的商战并非品牌与品牌之间的竞争，而是社群与用户之间的互动。当你将用户的体验列为首要任务时，用户自然会表现出忠诚，并心甘情愿为企业做免费宣传，而这种宣传也是最有说服力的。

8.5.2　1个人喜欢自有10个人知道

在社群的有效运营中，当你获得用户的忠诚后，用户自然会主动帮你宣传，从而实现提高知名度的目的。然而，为了加速这种转化，你也要为用户提供一些推动力。

1. 新颖活动

活动是提高社群参与度和活跃度的重要方式。而在提升品牌知名度时，你是否可以适当允许用户携带"家属"参与呢？

活动的成功离不开一定人数的支持。此时，让用户携带"家属"参加，既能够提升活动的活跃度，也能扩散社群的知名度。与此同时，这也能在一定程度上打消用户参加活动的某些顾虑，如人身安全或素未谋面的尴尬等。

当然，在一些仅限社群内部成员参加的活动中，则要限制用户携带"家属"，以免弱化社群活动的氛围，也避免用户只和"家属"沟通，防止违背活动初衷。

2. 鼓励传播

虽说在社群品牌化中，忠诚的用户愿意免费为社群进行宣传，但若能以奖励等方式鼓励他们的这种行为，相信会有更多用户加入其中。

鼓励的方式有很多，比如给现金或优惠券等返利，成为企业的 VIP 会员，新品优先体验权等；除了物质方面的奖励，精神方面的鼓励也同样有效，如勋章、成就、称号等。

所谓社群经济，就是要让用户真正喜欢上这个品牌，并融入社群当中。企业的所有活动和营销策略应当以此为中心展开，而当用户成为忠实用户之后，简单的激励活动或营销手段就能加速传播。

8.6 深度垂直，打造小众化、个性化体验

社群的品牌文化不能仅限于大众文化，否则很容易让品牌缺乏个性。在满足主流成员需求的同时，还应当让社群品牌深度垂直发展，打造出小众化、个性化的体验模式，从而让社群品牌更有价值。

8.6.1 让体验充满专属性、稀缺性、差异性

社群品牌的小众化、个性化体验主要从专属性、稀缺性和差异性入手。做好这 3 点，社群品牌就会呈现出截然不同的气质，大大提升品牌价值。

1. 专属性

所谓专属性，就是满足小部分社群成员的需求。例如小米手机，就会开放手机的工程模式，让一些技术达人可以进行深入研究。尤其是调整技术参数、DIY 流程图，这些内容会极大满足社群内小部分用户的需求，甚至发展出让人惊叹的小众文化。

2. 稀缺性

稀缺性，顾名思义即数量有限。例如新品上市后的"尝鲜会"，会邀请小规模社群成员参加；品牌的大型现场活动只有部分成员可以参加。这些方式都能让社群产生不一样的气氛。

3. 差异性

差异化的打造会让社群形成立体的品牌形象。例如一个多达万人的职场技能社群，针对不同层次的成员推出如"新手入门培训""精英晋级培训"课程，并制定"想要晋级课程，必须完成相应任务"的社群规则，既可以让人感受到社群品牌的专业性、系统性，又会让社群成员更依赖社群品牌。

8.6.2 体验的独一无二性

越垂直，越个性。只有让社群成员感受到"独一无二"，才会为社群贴上"个性化、小众化"的标签。这就意味着，社群在开展话题讨论、举办活动时，必须打破传统思维，让流程、内容呈现独立气质，有别于其他品牌。

此时，我们必须引入"逆向思维"，从这两个角度打造不同体验。

1. 保持神秘感

京东"618 购物节"、淘宝"双十一"、小米"米粉节"……每年的这些时间都是消费者狂欢的日子。一方面，是因为这样的节日规模足够大；另一方面，品牌方会在活动期间放出许多优惠活动吸引用户参与并购买。

哪些品牌会打折？折扣最低可以到多少？有怎样的产品新功能会推出？之前的预测是否准确？不断渲染的神秘气氛不仅给活动带来了足够的爆点，更让各种话题持续足够长的时间。因此，给予社群足够的"神秘感"，会让社群成员感受到不一样的内容。

2. 做自己的专属活动

独一无二的体验要靠自己完成。因此，社群的活动不能一味依靠第三方平台或借鉴别人的活动，因为这些早已被人熟知，很难产生新的刺激。

做自己的专属活动不一定非要按照小米的形式，不妨在小细节处做文章。

当社群活动足够新颖时，独一无二的体验就会给社群品牌带来不一样的气质！

第 9 章

精细化运营：
如何构建社群生态圈，变现商业价值

社群的发展早已过了粗放经营的阶段，社群运营者必须以精细化的方式从细节做起，构建起社群发展的生态圈，才能顺利实现社群的商业价值的变现。

9.1 如何以社交互动引导社群用户建立强关系链

社群经济之所以成为时代热点，正是因为在对社群的运营维护中，当你构建起属于自己的社群生态圈时，就能够依靠它迅速变现商业价值。

为什么说通过运营社交关系，能够实现巨大的商业价值呢？

其实，通过研究商业经济就能明白，成交来源于信任，而信任源自强社交关系。

在对社群生态圈的精细化运营中，你就能够以社交互动建立强社交关系，并引导用户建立强关系链，进而引爆品牌的传播和销售。

完成社群构建之后，你就要对社群进行更加精细的运营。

9.1.1 社交媒体维护技巧

构建社群只是构建社群生态圈的第一步，面对日趋庞大的社群，你很难关怀到每一个用户。但你却可以通过社交媒体，尽可能地维护社群关系。

1. 第一时间解决诉求

在社群互动中，面对各种各样的用户诉求如建议、意见或问题等，传统的解决方式是通过电话客服进行解决。但在如今，用户却越发习惯于线上解决，因为文字、图片更易于描述诉求，对企业而言，线上解决也能极大节省客服成本，毕竟，电话客服只能一对一，线上客服却能实现一对多。

因此，你要打造并完善社交媒体客服平台，让客服进驻微博、微信、贴吧、论坛等各大社交平台。为用户提供丰富的反馈渠道，而你的客服在收到用户的反馈时，也要第一时间给出解决方案。

为此，你一定要建立专门的客服团队。这个客服团队的组成分为 3 部分，如图 9.1-1 所示。

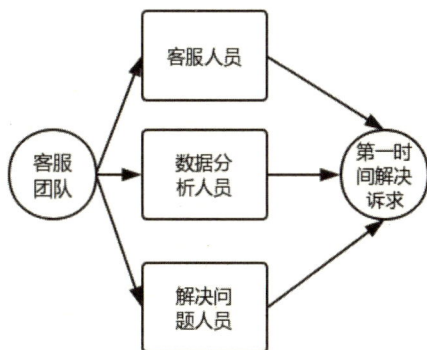

图 9.1-1　社交媒体要在第一时间解决诉求

第一，客服人员。负责社交媒体账号的日常维护，对用户的诉求做出快速反馈。要注意的是，客服人员必须具有专业、有亲和力等特征。

第二，数据分析人员。对于客服收到的诉求进行搜集分析，分析需要从用户属性、诉求属性等多个维度进行。

第三，解决问题人员。针对客服收到的诉求以及数据分析出的热点问题，解决问题人员要根据企业现状，给出具体的解决方案，该方案也将成为客服进行快速反馈的依据。

2. 定期检索社交媒体平台

很多用户在遇到问题时会第一时间向你的社交媒体平台表达诉求，但还有一部分用户会选择"私密发布"。他们不会向你反馈，在表达意见时也不会 @ 你的官方账号，而是直接发布在自身的社交圈里。

这样的声音你无法收到，但却会影响用户体验和品牌的宣传。因此，在微博、贴吧等"公开的"社交媒体平台上，你要定期检索相关的关键词，如品牌名、企业名、产品名等，在发现用户的意见、批评时，主动进行回复，并给出解决方案。

如此一来，既能让用户感受到你的关注并改善了体验，也能让此类言论的负面影响降至最低。

9.1.2　线上线下如何完美融合

在多年的实践中，传统商业模式对于线下互动早已非常熟悉；伴随着互联网行业的迅猛发展，线上互动方式越发多元。然而，在构建社群生态圈时，究竟如何才能实现线上线下的联动，让两者完美融合呢？

1. 让二维码无处不在

在线上线下的融合中，二维码的作用尤其重要。在移动社交时代，无论是APP、微信群、微信账号、微博账号，几乎一切互联网应用都可以生成二维码。用户只要扫一扫，就可以进入你引导的页面，接收你推送的消息。

因此，根据你的营销需要，在所有推广页面，如传单、广告、招牌等，都要搭配相应的二维码，让二维码无处不在，并吸引用户扫描，进行线上互动。

2. 活动双线同时推进

在设计活动时，也要注意线上线下的配合。

为了结合两者的优点，你可以在设计活动时双线同时推进。具体方法如下。

如果是以线下为主的活动如发布会、庆典等，你可以在线上直播，并在活动中与线上参与者互动。

如果是以线上为主的活动，你也可以融入线下的特征，利用计步软件等将活动拓展至线下。

3. 线上线下同步更新

对那些有实体门店的企业而言，一定要注重线上线下信息的同步更新。在移动社交时代，很多企业都习惯于在线上发布信息，却忽视了线下信息的更新。

如果无法实现线上线下同步，则可能造成用户的混乱，弱化宣传效果。

9.1.3　社群互助

你的精力有限，所以你需要培养"斗士"、明星化用户、意见"大咖"，帮助你实现社群互动；你要培养客服团队维护社交媒体、解决用户诉求；你需要策划团队实现线上线下的完美配合……但如果你在社群生态圈中仍然事必躬亲，也就无法享受社群经济的一大优势——自助成长。

在构建社群生态圈的精细化运营中，作为企业主，你要承担运营、管理和引导的职责。但在社群生态圈的内部运营中，你却要让用户发扬互助精神，让用户在互助中解决问题，实现社群生态圈的自行运转。

1. 激励机制

在激励社群互助时，可以借鉴百度知道、社区论坛等形式，提供物质激励和精神激励。

在百度知道中，面对用户提出的问题，每个给出答案的用户都可以获得一定的积分奖励，而答案被采纳的用户更能获得高额奖励以及提问者的"悬赏"。回答问题多者，就会获得一定的荣誉（精神激励）。

在社群论坛中，用户的每次回复都能获得一定积分，版主在浏览论坛内容时也会对"精华回复"给予额外奖励。对于长期提供精华内容的用户，还会将其升级为管理员、坛主等，这种物质和精神的双重激励效果非常好。

通过建立相应的物质和精神奖励机制，社群内自然会形成主动互助的氛围，如图 9.1-2 所示。甚至是其他用户尚未发出疑问时，就有用户主动分享干货，以期"精华帖"的丰富奖励。

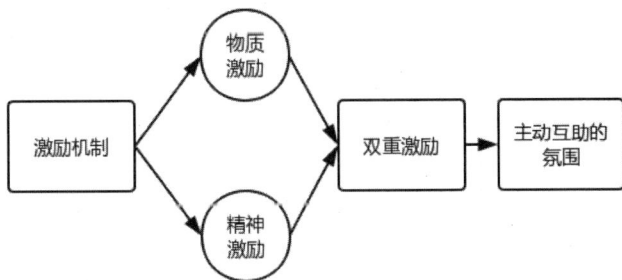

图 9.1-2　激励机制能够形成主动互助的氛围

2. 互助文化

当你以物质激励互助的同时，更重要的是培养社群内的互助文化，以免社群成员失去了分享互助的精神。

因此，在设计激励机制时，要注重采取积分、金币等虚拟奖励。除此之外，对于表现优异的用户，你还要给予荣誉、勋章等精神奖励。

利用这种引导机制，不断培养社群内的互助文化。此时，作为群主或管理员，你也要尽量免费分享干货，或解答用户疑问，起到带头作用。

9.2　以社群帮助用户养成习惯，增加黏性

大多数微商、社交电商及企业会有一个认识误区，就是认为自己有了足量的社群用户后就万事大吉了。其实，仅仅"有了"是完全不够的，如果不能让用户成为"忠实用户"，提升用户的黏性，用户数量再多也没有意义。尤其是社群构建完成后，如果不能帮助用户形成具有社群特征的行为习惯，那社群就根本无法形成品牌效应，更别说是形成生态圈了。

所以，培养用户习惯是首要解决的大事。而要培养用户习惯，首先要对用户进行准确的定位和区分。

9.2.1　社群用户的 5 个层次

根据社群用户对品牌的黏性强弱，可以将其分为 5 个层次，如图 9.2-1 所示。

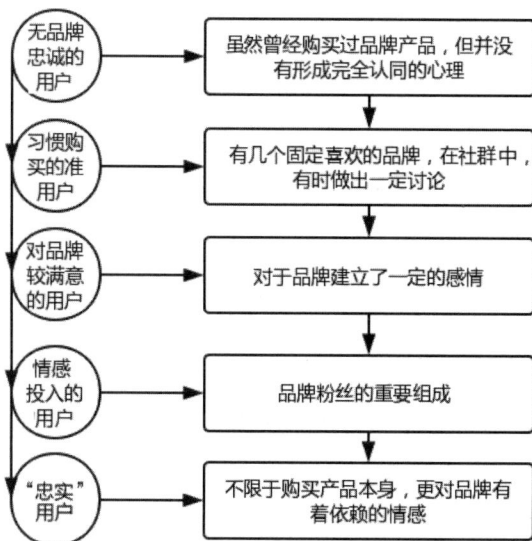

图 9.2-1　根据社群用户对品牌的黏性强弱，将其分为 5 个层次

1. 无品牌忠诚的用户

通常来说，这类用户会看一眼品牌的相关话题，虽然曾经购买过品牌产品，但并没有形成完全认同的心理，他们的关注点主要集中在价格上，如果遇到其他更便宜的品牌就会立刻选择更换。

2. 习惯购买的准用户

准用户有几个固定喜欢的品牌，在社群中有时做出一定讨论，还算不上真正的社群用户——如果其他品牌在广告宣传、包装设计上有显著特点，那么就会进行品牌转换，尤其是品牌文化的吸引对这类人有着不可抗拒的魔力。

3. 对品牌较满意的用户

这类用户对品牌建立了一定的感情，会在接下来购买时将该品牌作为首选。不过这种感情具有不稳定性，品牌一旦有风险，那么他们就会选择放弃。

4. 情感投入的用户

这个层次的用户是品牌粉丝的重要组成部分，他们已经和品牌培养出了很好的互动关系，在购买产品时绝不会购买其他品牌。小米、苹果的用户多数都是这种用户，他们对品牌产品的使用已经渗透到了生活的各个层面。

5.“忠实用户”

“忠实用户”已经不限于购买产品本身，更是对品牌有着依赖的情感。这类用户面对其他品牌的攻击主动还击、积极参加品牌的各类活动，以能够在品牌活动上“露一手”为荣。甚至他们还成了品牌社群的管理人员，负责诸如贴吧、微信群、QQ群等社群的运营。

这5类社群用户涵盖了几乎所有的品牌用户。如果用合理的方法进行引导，那么初级用户就会逐渐成为情感投入的用户，而情感投入的用户会进化为“忠实用户”，“忠实用户”则会变身成品牌本身，同样会对其他层次的用户产生强有力的影响。

9.2.2 如何养成用户习惯

那么，社群该如何帮助用户养成习惯，从而产生极高的品牌忠诚度呢？针对社群用户划分的5个层次，有5种应对方法，如图9.2-2所示。

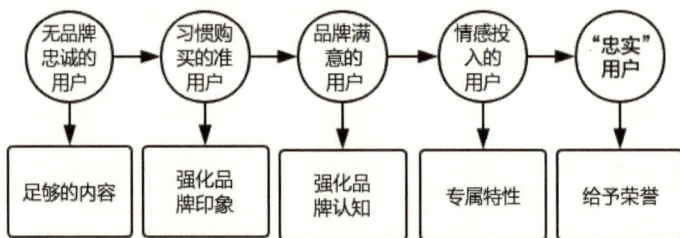

图9.2-2 养成用户习惯的5种方法

1.给用户足够的内容：针对无品牌忠诚的用户

初级用户之所以对品牌没有忠诚度，主要是因为对品牌不够了解。一般来说，当用户购买了产品后就会自动成为品牌会员，所以，我们不妨定期发送一些新品信息、新品简介等，以此进一步刺激用户较为敏感的价格心理。当用户对品牌的价格非常满意，同时还能通过各类信息得知其产品线丰富、折扣活动很多时，自然就会养成这样一种习惯：定期关注品牌活动。久而久之，用户的消费习惯也会调整，潜移默化间真正加入社群。

2. 借助话题，强化品牌印象：针对习惯购买的准用户

对于已经有了购买习惯的准用户，单纯的品牌价格和新品上架信息已经不能让他们对品牌形成更深的印象。此时，着力推荐品牌的文化概念，例如小米的"主题一键切换"、黄太吉煎饼的"探寻最美老板娘"的话题活动，会给这类用户带来眼前一亮的感觉。品牌不断植入文化气质，能够促使他们把对产品的关注转移到对品牌的关注，并养成闲暇之时就去社群里看一看、逛一逛的习惯，最终被品牌的内涵所俘获。

3. 巧用口碑，强化品牌认知：针对品牌满意的用户

对品牌较为满意的用户而言，价格、新品、趣味话题活动等已经不能满足他们的需求。他们更关注的是品牌的形象、产品质量良莠，因为这些都关乎自己的形象：如果他自己都觉得品牌有一定风险，那就不会愿意与他人分享，甚至慢慢地他也会降级成"准用户"。

为什么小米的用户忠心不二？小米社群立下了汗马功劳：无论是产品交流还是品牌疑惑，所有用户都可以畅所欲言，在别人的口碑传播之中，更加深用户对品牌的认知。

社群构建的目的就是给用户提供一个互动的平台，让用户养成"有问题和其他用户一起聊聊"的习惯，哪怕仅仅是分享一部电影也能找到志同道合的朋友。无论在论坛还是在贴吧进行互动，都会给用户打造一个"交流闭环"，用户可以在其中满足一切心理需求，这时候他们对品牌的依赖就会大大增强。

4. 提升用户的"专属特性"：针对情感投入的用户

情感投入的用户是社群里的中坚力量，直接关系着品牌未来的发展和口碑。此时，虚拟化的交流已经完全不能满足他们的欲望，真实生活中的交流、专属节日的 VIP 邀请券、线下活动的参与才是他们的真正痛点。

5. 给予荣誉："忠实用户"

"忠实用户"是社群的坚定拥护者，他们更在乎精神层面的东西，因此你要善于给他们荣誉，以激励他们永久地留在社群中。

9.2.3 "忠实用户"的维护要领

社群用户的最高级别是"忠实用户"，他们对品牌及产品有着痴迷的喜好。那么，"忠实用户"可以不维护吗？

当然不是。"忠实用户"之所以忠于社群，是因为他们一路伴随着社群的成长，这其中有些人甚至是品牌的最早一批用户，在社群里有着非常高的人气和号召力。如果忽视了他们，久而久之他们就会丧失乐趣，变得消极甚至离开社群，给整个社群带来负面的影响。豆瓣正是如此，所以在改版之后尽管注册人数快速激增，但是人气已经下降了不少，尤其是一些曾经"叱咤"豆瓣的"红人"们，已渐渐销声匿迹。

该如何维护"忠实用户"，让他们继续保持非常持久的社群习惯？

唯一的方法就是：让部分忠实用户正式进入品牌管理层。这个管理层不一定是真正的企业内部，但却可以给用户带来至高无上的荣耀，如图9.2-3所示。这些荣耀可以是永久享有发布会参与权、社群内不同小组的管理权、直接进入企业总部、与品牌对话的专属权……对于"忠实用户"而言，精神层面的满足要远远大于物质奖励。

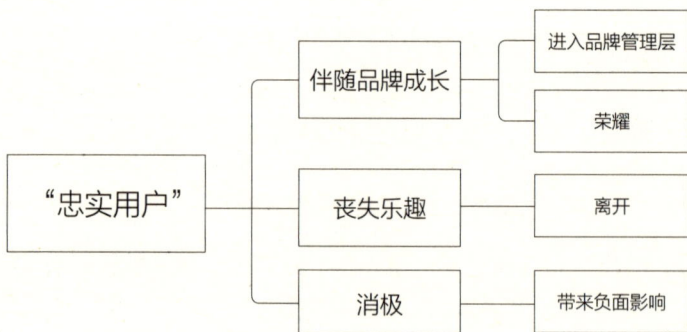

图9.2-3　"忠实用户"的维护要领

总之，5 种不同的社群用户有了自己不同的兴趣点与话题点，自然就会养成对品牌充满积极意义的"正能量习惯"，从而形成稳固的金字塔形式。此时，即便品牌的新用户增长趋势已经放缓，但依旧可以稳定且长远地发展。

9.3　定制社群产品与产品 VIP 价格

在前文中，我们曾经讨论过让用户设计产品和价格。然而，由于用户自身专业技能的限制，他们对产品和价格的设计更多的只能作为一种参考意见或者是活动方式。

为了让社群生态圈的商业价值更快、更好地变现，你要主动为用户定制产品和价格。

9.3.1　定制社群产品

为什么越来越多的人开始投身手机市场？原因如图 9.3-1 所示。

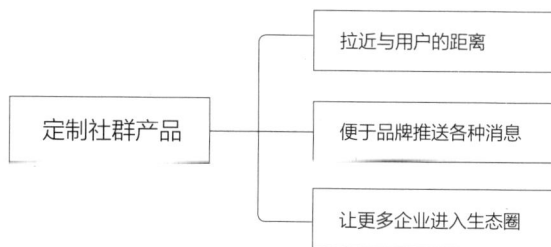

图 9.3-1　定制社群产品的原因

一是拉近与用户的距离。如今，智能手机已经成为生活、工作必备用品，手机已经成为出门必带物品，重要程度甚至超越了钱包，仅次于钥匙。因此，开发自有手机，能够极快地缩短品牌与用户之间的距离。

二是便于品牌推送各种消息。在移动互联网时代，你必须进驻用户的手机才能让用户看到你。此时，与其辛苦推广自有APP，不如直接开发自有手机。而且定制的手机系统也能避免你的消息被屏蔽。

三是让更多企业进入生态圈。当你的用户选择了你的手机，借助智能手机"包容万物"的特征，你就能让更多企业通过手机进入你的社群生态圈，为生态圈创造价值并获取收益。

之所以分析进军手机行业的益处，并非让你跟风做手机，而是借此讨论定制社群产品的方向。定制社群产品时，应当注意以下3项原则。

1. 拉近距离

在定制社群产品时，你必须考虑产品的实用性，让产品能够进入更多使用场景，从而在用户的日常使用中借助产品拉近与用户之间的距离。

基于场景的多样性，在定制社群产品以拉近距离时，你要考虑的只有两点：便携性和多用性。也就是说，定制要让产品能够跟随用户进入更多场景，或是让产品适用于更多场景。

2. 传达信息

在定制社群产品时，你要赋予产品更多的内涵。即使它无法像手机一样实时推送，你也应当将社群文化、品牌关怀融入产品设计当中，让用户实时受到"熏陶"。

具体而言，你可以借助产品的外在风格、使用体验、LOGO设计等元素，体现出你的品牌文化。如文艺风格的小清新设计，或简约不简单的科技设计，或"萌萌哒"的LOGO设计。

3. 生态圈核心

产品是社群构建的核心，也是社群生态圈的核心。正如你的产品将用户聚拢在一起，在构建社群生态圈时也要以产品为核心，吸纳更多参与者，丰富社群生态圈的内涵。

如何让产品成为生态圈的核心呢？

最典型的案例正是腾讯生态圈的构建。腾讯起家依靠的是即时通信软件 QQ，在近几年的生态圈构建中，腾讯则依靠 QQ 的庞大用户规模，围绕 QQ 建立起腾讯"帝国"，布局通信、资讯、游戏、视频、音乐等多个领域。

这样的布局并非是将所有产品融入 QQ 中，而是让所有产品都用 QQ 号登录，并在以 QQ 为核心的生态闭环中自由运转。

在定制社群产品时，你不用让自身的产品具有过于复杂的功能，关键在于让它盯准用户的核心需求，并具有可拓展性。如此一来，你的社群生态圈就离不开你的核心产品了，与此同时，你可以基于产品吸纳更多参与者，让社群生态圈的内涵不断丰富。

9.3.2　定制产品社群价格

品牌的社群活动、话题再丰富，归根到底都要落实到销售环节。这也是社群经济产生价值的必由之路，而在产品销售中，产品的定价机制十分重要。与过去的价格制定相比，现在的定价机制需要更加多元化和艺术化，让价格也能够成为社群的话题之一。

在林林总总的价格模式中，我们常常会看到这样的词汇：促销、最高优惠、限量折扣、限期抢购价……可是它们真的能触动用户吗？

有时用户们甚至会产生怀疑：所谓的促销，是否仅仅是虚构一个高价，然后再放出一个常规价格的"促销价"？毕竟这种弄虚作假的举动已经被频繁曝光。而且，人人都能享受的优惠，用户也没获得什么特殊待遇。

各种打着"促销"名义的价格制定，不仅不能创造很好的话题，给用户带来优惠的感觉，反而会引起不必要的猜测。

因此，在社群生态圈中，想要以销售变现商业价值，就要学会定制产品社群价格。

1. 受众锁定为社群用户

在定制产品社群价格之前，你必须要明确，所谓社群价格就是社群用户才能享受的价格。只有明确这一点，你的社群价格才具有价值。

因此，在定制产品社群价格时，你要坚持两个原则：只有社群用户可以享受；所有社群用户都能享受。

2. 赋予社群价格文化内涵

社群价格并非只是一个优惠价格而已，在你为社群定制价格时，你也要通过这个价格数字传达你对用户的关怀，让社群用户感受到社群价格背后的文化内涵。这样一来，你的产品定价不仅能够满足社群生态圈的需求，甚至能够成为击败竞争对手的手段。

在定制产品社群价格时，你必须找到真正能够刺激社群痛点的数字。

具体而言，定制产品社群价格需要从3个方面出发，如图9.3-2所示。

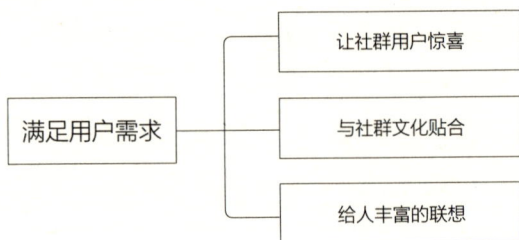

图 9.3-2　定制产品社群价格的关键要素

第一，让社群用户惊喜。与标准价格相比，"社群价格"必须足够优惠，或是产品配置高于标准，给用户带来"物超所值"的感受。用户感到"占了大便宜"，自然就会在社群内尽可能地炫耀，从而表达内心的兴奋。

第二，与社群文化贴合。初建品牌的年月日、初建团队的人数、第一个社群的用户数量……这些数字对品牌来说都很有纪念意义。所以，借助这些富有内涵的数字制定社群价格，既能让社群用户体会到一种感动，又能让品牌的形象更加饱满、利于传播。

第三，给人丰富的联想。有时，社群价格的制定不一定那么外露内涵，反而可以透出一种神秘的气质——给人带来联想，但官方又没有特别说明。这时，社群用户自然也会进行大胆的猜测和讨论。而当社群价格活动正式结束时，品牌再将真正的原因公布于众，从而将由社群价格引发的话题尽可能延伸。

9.4 借助"网红"塑造理想生活场景，构建交易链

2016 年是社群经济飞跃式发展的一年，这一年不仅是传播渠道创新的"直播元年"，也是代言机制创新的"网红元年"。在构建社群生态圈时，"网红"的代言作用甚至比传统明星更大。

因为，你可以借助"网红"与用户的亲密接触，以"网红"塑造理想生活场景，从而构建交易链。

9.4.1 用户的理想生活场景

当用户聚集在一起形成社群，就代表他们具有共同的价值观。而在社群文化的塑造中，社群用户的理想生活场景也会不断趋同。然而，如果你问一个人："你的理想生活场景是怎样的？"多数人都无法给出具体的描述。

你可以帮助用户描述理想生活场景，在此过程中，你也可以适当进行引导。

1. 将理想生活场景具体化

基于社群文化的主题，只需稍加调研，就可以发现用户理想生活的大致场景，而在此基础上，你可以进行更加细致的描述，将之具体化。

比如，对文艺青年来说，一个理想的生活场景大概就是这样：温暖的午后，阳光洒满阳台，窗外是生动鲜活的自然景致，然后，一杯香茗，一把躺椅，一个靠垫，一本好书，一首悠扬的乐曲，一颗静心，时光因此停滞……

仅以这一个场景而论，你如何将之具体化呢？

你要从各种细节出发：阳光洒满阳台的这个房子应该坐落在怎样的小区？一杯香茗应当是哪种茶叶？躺椅、靠垫应当是哪个品牌？好书、音乐的作者又该是谁？

更加具体地描绘出用户的理想生活，才能让用户在追求中拥有具体方向。此时，社群文化自然能够具有更高的用户黏合度。

2. 让理想生活场景标准化

在对用户的理想生活场景进行具体描述时，一旦获得用户的认同，这种生活场景也将成为用户追求的"范本"。

用户在其不断追求中，会努力向你描述的场景靠拢，此时，你就可以通过将理想生活场景标准化，引导用户进行追求。

在把理想生活场景标准化时，事实上你就完成了引导消费的过程。对用户而言，他们很难具体描述出自身理想的生活场景，而你将之具体化并标准化，用户在追求理想时就会选择直接复制，也就是购买标准化的产品。

9.4.2 借助"网红"塑造理想生活

当你具体描述出用户的理想生活场景时，就要借助理想生活的标准化引导用户进行消费。

此时，"网红"就能够成为理想生活场景的演绎者。那么，"网红"应该如何自然演绎呢？

1. 用图文展示品牌

"网红"总会发布各种图文消息，此时，可以自然地将品牌融入其中。

具体而言，"网红"可以发布一段文字"今天在宜家逛了一下午，好累哦"再配上一张美美的自拍。

或者，"网红"可以发布一张文艺的照片，正是在阳台品茗看书的照片，此时，

"网红"可以让某品牌的购物袋、LOGO 等出镜。要注意的是，切勿生硬植入，要注意整体画风的和谐。

2. 用视频演绎生活

为了让用户认同"网红"的代表意义，"网红"需要适时发布视频描述自身的生活场景。为此，你必须事先做好编剧，让画风尽可能满足用户的期待，与此同时，正如植入广告一样，让产品或品牌出现在视频中。

用视频演绎生活时，你完全可以将营销转移至评论区。在社交媒体上，用户在观看视频之后都会进行互动：评论或查看评论。此时，你可以不在视频中植入广告，而是在评论中用其他账号自问自答，如一个账号询问："视频里那个躺椅是在哪家买的啊？好喜欢哦。"再用另一个账号回答："这个我家也有一个，在宜家买的，超实惠的。"

3. 用直播做标准化

为了自然植入，图文或视频大多要刻意隐藏品牌或 LOGO，以免被看作营销信息。而在盛行的直播中，则可以做得更加"直白"一些。

在很多美妆"网红"的直播中，都可以看到这样的画面。

主播说道："我们先要涂一层打底，这个打底我现在都用 ××× 牌子的，挺便宜、也挺好用的，在淘宝上就能买到。"然后产品和 LOGO 出镜一秒，接着进入下一步演示。

在这样一闪而过的展示中，广告并不显得刻意，而用户大多也会"十分听话"进入淘宝搜索该产品，在查阅评论、销量等信息之后下单购买。

在同一社群中，用户的理想生活场景都会不断趋同，但这仍然是一种抽象的场景，没有具体的细节。

因此，你需要借助"网红"将用户的理想生活具体演绎出来，与此同时，借助各种方法，将自己或友商的产品融入其中，成为用户模仿的标准。最终，依靠电商平台或线下门店完成整个交易链的构建。

9.5　如何让每位社群用户都受益

在社群经济的终极阶段，必然是构建出一个完善的社群生态圈。如今，似乎谁都在说生态圈，但生态圈的内涵究竟是什么呢？

所谓生态圈，就是指各利益相关者处于同一个价值平台上，利益相关者在扮演自身角色的同时，关注平台整体的特性，从而撬动其他参与者的能力，使该价值平台能够创造更大价值，所有参与者都可从中获利。

在一个生态圈中，竞争并非不存在，只是生态圈内部更加强调的是彼此的联动、共赢以及整体发展的持续性。

因此，在构建社群生态圈时，除了追求自身商业价值的变现，你也要努力让每位用户都能受益。

9.5.1　重视社群用户力量

在构建社群生态圈时，必须重视社群用户的力量，如今的用户不再如过去一般处于"弱势"地位。借助社交网络，社群用户真正成为"既能载舟，亦能覆舟"的力量，甚至在传统的娱乐行业也是如此。

2015 年 11 月，明星吴亦凡的经纪人冯丽华，因粉丝对其工作能力不满而在压力下离开。继任吴亦凡经纪人的是黄烽，他也曾担任周迅、许晴的经纪人，在接受采访时，他就坦言："周迅的粉丝也不少，粉丝对她是一种欣赏的态度；哪怕跟她本人见面，也就是点个头。亦凡的粉丝数量大，有组织，有力量，还能监督我们的工作。我们不能再站在传统的角度来做经纪了。"

确实，经纪人不能站在传统的角度做经纪，明星也同样如此，社群更是如此。你必须正视社群用户的力量，才能真正投入到社群生态圈的构建中，而不只是口头说说，将此作为安抚用户的言论。

9.5.2 满足用户需求

在构建社群生态圈让用户受益时，你必须满足用户的需求，才能赢得用户的认可。为了满足用户需求，你需要从物质和情感两个方面入手，如图 9.5-1 所示。

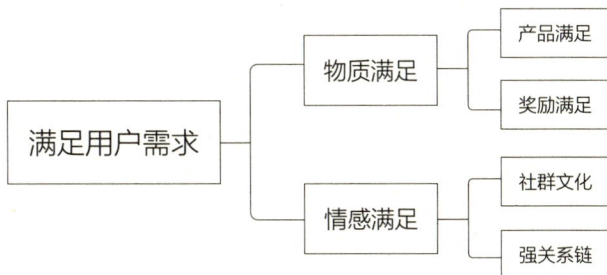

图 9.5-1 社群满足用户需求的措施

首先，给予用户物质满足。

物质是用户最直接的需求，也是最简单的满足方式。正如欣赏明星首先从外表开始一样，用户在看待社群时同样最先关注其物质价值。因此，在满足用户需求时，你需要从满足用户的物质需求开始。

1. 产品满足

产品是满足用户物质需求的最佳载体，也是社群生态圈的核心。因此，在产品研发上，你一定要考虑用户的痛点需求，融入品牌文化和科技，让用户能够被产品打动。

与此同时，你也可以借助定制社群产品，给予社群用户一些小惊喜。但要切记，这只能作为"调味品"和"正餐"的参考意见，不能本末倒置。

2. 奖励满足

在社群生态圈中，只有社群用户的热情参与才能让社群生态圈具有价值，从而吸引更多利益相关者的参与。因此，为了激励用户参与社群活动，你必须建立各种激励机制，以足够诱人的奖励刺激用户的参与欲望。

其次，给予用户情感满足。

如果社群生态圈的构建完全基于物质满足，这也会让你的生态圈变得脆弱。因为，一旦有竞争者开出更加诱人的物质条件，用户就会迅速"跳槽"，而阻止用户因物质"跳槽"的唯一方法，就是给予用户情感满足，塑造文化壁垒。

1. 社群文化

用户之所以能够被吸引而来，正是因为你满足了他们的兴趣爱好，并给予了他们身份情感认同。然而，这种爱好和认同并非只有你的社群能满足。

因此，在吸引用户入群之后，你需要塑造社群文化，将社群与外界区隔开来，形成社群独有的文化氛围。通过营造社群专有、用户专属的文化氛围，给予用户特殊感和归属感，进而构建社群生态圈的文化壁垒。

2. 强关系链

在面临更好的工作机会时，很多人选择留下都是因为一个原因：价格的差异比不上社交关系的价值。说白了，别人开出的价格不够高。怎样算是够高？这个价格要覆盖你的工作习惯、工作氛围和工作关系等的价值。

每个人的心里都有一笔账：给我多少钱，可以说服我换个工作环境？多少钱，可以让我放弃现有工作关系，重新运营职场关系？无疑，后者才是职场人更看重的。

因此，为了让用户成为社群生态圈的"永久居民"，你就要在社群的日常运营中，通过与用户互动、引导用户间的互动，建立用户与你、与其他用户的强关系链，让其在享受优质社交体验的同时，提高他们的"跳槽成本"。

9.5.3 使所有用户受益

满足单一用户的物质和情感需求并非难事，但在社群生态圈中，你要面对的并非是单一用户，而是生态圈里的所有用户。

那么，如何让每位用户都受益呢？

当你能够正视用户力量，学会如何满足单一用户需求时，让所有用户都受益其实就是水到渠成的事了。

1. 制定生态圈规则

让所有用户受益并非让所有用户获得相同的收益，而是让所有用户受益的机会相同。因此，在构建社群生态圈时，你必须明确生态圈规则，让所有用户拥有相同的机会：在对生态圈做出相应贡献之后，可以获得更多的收益；在损害生态圈利益时，也会受到相应的惩罚。

2. 建立自我完善机制

生态圈的构建是一个不断自我完善的过程，在市场的不断变化中，生态圈并非一成不变。而如何建立自我完善机制，完善生态圈呢？简单来说，只有两点。

第一，学会放权。在生态圈的构建中，不断弱化自身构建者的角色，将自身塑造为维护者或平台方，让用户和其他利益方可以在生态圈内自由发展。直接点说，就是将更多的权力交到用户手中，让他们决定生态圈的完善方向。

第二，重视反馈。当你将自身隐藏在"幕后"时，则要注重用户和其他利益方的反馈，在综合考量中，对生态圈的自我完善做出引导。另外，也要调和用户与其他利益方及生态圈之间的矛盾。

让每位用户都受益，就是在重视用户力量、了解用户需求之后，制订完善的生态圈规则和自我完善机制，让用户能够享受到与其贡献相匹配的收益。

9.6　静态社群被重构，社群更智能

当下，随着人工智能、5G 等技术的发展，短视频、直播等越来越普及，社群已经呈现出智能化、影像化的特征。

9.6.1 视频隔空对话

既然影像时代渐成主流，那么视频对话势必越来越普及。事实上，视频对话的社群运营模式在各大直播APP已经有所尝试。打开直播、短视频软件，可以看到同时在线的网友人数多达上千万，视频隔空对话已经成为不少年轻人最常用的交流模式之一。

未来，也许所有的社群公告、社群活动、社群讨论等都会依托视频直播进行：社群群主、特邀嘉宾的一对多活动，主要借助各类直播APP进行；社群成员之间的多对多讨论借助群视频直播进行。当然，图文模式并不会消失，只是它不再是社群沟通交流的唯一方式。

影像能构建更加真实、多样、不同的场景，它远比文字、画面更具视觉冲击力。所以，多借助视频进行社群管理，对社群发展非常有利。

9.6.2 社群边界逐渐模糊

越来越多的社群出现意味着移动互联网不再只是单纯的交流互动渠道，而是成为了拥有海量信息的"数字博物馆"，信息扩散越来越方便。社群话题讨论，社群活动视频、海报、对话录……几乎所有可以想到的内容都被保存于移动互联网之上，使得社群信息相互交叉，社群边界变得模糊。在这个过程中全新热点诞生，又导致了话题分化与形成。毫不夸张地说，移动互联网就是每个人的"云存储空间"！

这个"数字博物馆"会给我们带来什么？

足够多的资源，让我们轻松找到答案；

足够多的热点，让我们创造紧跟潮流的话题；

足够多的创意，让我们打开思维的大门；

…………

还有更多的"足够多"，都可以成为社群的组成部分，并且可以任意使用：

手机社群转发骑行社群的动态；音乐社群加入体育社群的讨论，因为某期《天下足球》的背景音乐，与比赛完美融合……

无数的碎片信息形成了庞大的数字博物馆，让移动互联网本身成了一个真实存在的社交场景。

未来，社群之间的互动更为频繁，社群的边界会逐渐淡化。因此，借助这个庞大的"存储空间"，我们可以与其他社群建立活动联系、进行话题讨论，从而形成数以亿计的社群场景！社群之间相互影响、交织，让每个社群的场景更丰富、活动更频繁、变现渠道更完善……

鸣　谢

1. 郑清元，销讲核能量教育终生推动者，微信号：qq9175616。

2. 吴涛，知名自媒体人、资深公关营销人，微信号：13467672273。

3. 郑赞，特抱抱创始人，微信号：18607333033。

4. 秀秀，特抱抱创始人，微信号：9618443。

5. 苟雪颖，专业电台主持人，微信号：GXY19991116。

6. 丁建成，叮叮1+1创始人、支付领域意见领袖、艾多美中国区市场领导人，微信号：13895613704。

7. 吕婷婷，特抱抱基地合伙人、百亿蜜芽优秀会，微信号：15951444888。

8. 郭丹凤，特抱抱"抱团联盟"联合创始人、颜如玉金刚联盟联合创始人，微信号：guo61611314520。

9. 郑立洋，中国商业短视频联盟创始人、千万粉丝账号操盘手，微信号：17332957878。

10. 安青青，国家理财规划师、资深美容抗衰顾问，微信号：13079937654。

11. 华梦琼，醉丫食品招商部成员，微信号：646368231。

12. 周政，芳寸之间美容疗愈服务有限公司创始人，微信号：15510160798。

13. 马志梅，养生美容护肤专家，微信号：13895449626。

14. 肖丹，辰颐物语农业发展有限公司服务商、特抱抱播商服务商，微信号：13301195045。

15. 毅飞，直播设备源头商家、特抱抱播商服务商，微信号：yeifei288168。

16. 李子傲，好省火狼社群创始人，微信号：18230120722。

17. 摊妹，特抱抱基地合伙人、摊妹共享美业创始人，微信号：tanmei851118。

18. 胡子哥，社群＋直播＋会销策划专家、特抱抱直播基地合伙人，微信号：a15360256888。

19. 茉莉，专业资深主持人、特抱抱播商服务商，微信号：13805001077。

20. 陈丽团，婉如晨星品牌创始人，微信号：snowcir123456。

18. 海玉军，支付金融理财顾问，微信号：18609552818。

19. 于丽平，塞拉菲娜共享美容招城市合伙人，微信号：13619502005。

20. 顿慧琴，幽默风趣的主持人，微信号：18709540419。

21. 黄转明，美容护肤私人订制老师，微信号：18409646311。

22. 袁锋，全新公司合伙创始人，微信号：17138888867。

23. 马龙，宁夏清真菜口味火锅底料调料师，微信号：14795058842。

24. 冯歆然，禾糖印记影像馆创始人、特抱抱"抱团联盟"联合发起人，微信号：18514582726。

25. 唐明慧，美怡天商贸有限公司CEO，微信号：H1258937172。

26. 杜少，共赢联盟工作室军团杜总监兼CEO，微信号：18588444168。

27. 孙燕，慕色天使首席股东、女王联盟国际创始人，微信号：13609495482。

28. 冯歆然，北京维奥之镁文化传播有限公司CEO、特抱抱"抱团联盟"联合发起人，微信号：18514582726。

29. 万亮，10年房地产市场营销策划经验，微信号：18936955559。

30. 陆燕芳，罗亚原创摄影联合创始人，微信号：13853695362。

31. 刘媛，贝贝星王子公主儿童摄影创始人，微信号：13705890699。

32. 曹静缘，眉缘国际美业创始人、特抱抱播商服务商，微信号：15170288282。

33. 雪梨，蜜芽核心会员、网红达人，微信号：15823358816。

34. 王婷，美业商业模式架构师、特抱抱"抱团联盟"联合发起人，微信号：liaosufang001。

35. 朱小娥，绿之韵美容院创始人，微信号：ejie368835。

36. 戚卉雨，星奈国际总裁、悦慈莲连锁品牌创始人，微信号：50253095。

37. 南希，特抱抱播商服务商，微信号：13967898942。

38. 方曙光，上海微童星互动文化传媒CEO、微信直播抱团联盟首席发起人，微信号：18930878706。

39. 王凯，10互联网营销经验、艾克米迪童装加盟店创始人，微信号：18217353005。

40. 小雪传喜，互联网运营实践者、健康营养师，微信：X178090。

41. 郭云侠，特抱抱播商服务商，微信号：15265894275。

42. 王青青，匠心商学院厦门分校执行校长，微信号：15159254398。

43. 王婷，美业商业模式架构师，微信号：liaosufang001。

44. 王振卫，邓禄普轮胎连锁店负责人，微信号：13931776481。

45. 何苗，盒子空间主理人，微信号：dkh3636。

46. 朱敏杰，特抱抱播商服务商，微信号：18655906111。

47. 陈粤，海楠健康管理有限公司创始人，微信号：18622970720。

48. 谢倩，中道禅舞传承导师，微信号：xiepeijun815。

49. 陈世闲，华尚奢品（杭州）科技有限公司创始人，微信号：13811886015。

50. 刘媛，贝贝星王子公主儿童摄影创始人，微信号：13705890699。

51. 陆燕芳，罗亚原创摄影联合创始人，微信号：13853695362。

52. 陈欣，艾视养眼灸联合创始人，微信号：19970495433。

53. 张慧丽，权盛洗护官方合伙人，微信号：z634044510。

54. 胥昌胜，顶捷营销创始人，微信号：xcs668。

55. 张洁，头道汤头疗馆，微信号：18530738296。

56. 珍妮，薇薇新娘婚纱摄影、柠檬树儿童摄影联合创始人，微信号：13997549811。

57. 田田，爱游拍儿童摄影掌门人，微信号：13863309900。

58. 鹏鹏，化妆品洗护行业厂家，微信号：peng15666666。

59. 马晓薇，星时代商学院运营总监，微信号：mxw888888888。

60. 刘敏，炫彩美业创始人，雅丽轩美容养生创始人，微信号：133851242166。

61. 王进勇，九江市美格装饰工程有限公司创始人，微信号：18207928889。

62. 郭云侠，三里人家官方，微信号：15265894275。

63. 茉莉姐，护肤专家、蜜芽优秀会员，微信号：13883682017。

64. 罗华，特抱抱播商服务商，微信号：wx13915005922。

65. 李梦燃，东方星时代文化传媒CBO、大型IT项目制作人，微信号：egoran。

66. 杜菇凉，中国电信大客户经理，微信号：15626105520。

67. 李雪珂，凯莱希（全国连锁）模特空乘学校创始人、特抱抱微信直播联合创始人、微博网红学院创始人、首届播商节冠军团队长，微信号：lixueke0521。

68. 三妮，手机周边配件供货商，微信号：13713078784。

69. 陈丽贤，中国平安综合金融客户经理、平安大学三星导师，微信号：13829138617。

70. 叶发琳，幼少儿校外培训机构校长、幼儿园园长，微信号：YF00007。

71. 范米，慕色天使首席股东，微信号：cx1145224465。

72. 李誉，慕色天使女王联盟国际执行董事，微信号：Liyu413716770。

73. 曼丽，慕色天使首席股东，微信号：w1426925302/17864000525。

74. 于维，慕色天使女王联盟国际执行官方，微信号：18647676310。

75. 王云逸，广州金瑞祥大健康股份有限公司法人，易盛源古法养生创始人，微信号：wuzong8544。

76. 王丽琴，慕色天使女王联盟国际执行董事，微信号：18827559958。

77. 段蕊，陕西省渭南市慕色天使、女王联盟国际执行官方代表，微信号：19992314311。